广东省哲学社会科学"十二五"规划
2011年度学科共建项目，批准号：GD11XZW13

雷州文化研究

张学松◎主编

雷州文化概论
LEIZHOUWENHUAGAILUN

赵国政◆著

中国社会科学出版社

图书在版编目(CIP)数据

雷州文化概论/赵国政著. —北京：中国社会科学出版社，2014.11
(雷州文化研究/张学松主编)
ISBN 978-7-5161-4794-8

Ⅰ.①雷⋯ Ⅱ.①赵⋯ Ⅲ.①文化史—雷州半岛 Ⅳ.①K296.5

中国版本图书馆 CIP 数据核字(2014)第 211296 号

出 版 人	赵剑英
选题策划	郭晓鸿
责任编辑	熊 瑞
责任校对	王立锋
责任印制	戴 宽

出　　版	中国社会科学出版社
社　　址	北京鼓楼西大街甲 158 号
邮　　编	100720
网　　址	http://www.csspw.cn
发 行 部	010-84083685
门 市 部	010-84029450
经　　销	新华书店及其他书店

印　　刷	北京君升印刷有限公司
装　　订	廊坊市广阳区广增装订厂
版　　次	2014 年 11 月第 1 版
印　　次	2014 年 11 月第 1 次印刷

开　　本	710×1000　1/16
印　　张	9.5
字　　数	146 千字
定　　价	368.00 元(全五册)

目　录

第一章 对文化的基本认识

本章主要讨论四个问题，一是文化概念的几种类型及其误区，二是我们对文化概念的界定，三是我们对核心文化及其特征的理解，四是我们对文化学研究对象的思考。

文化研究必然遭遇的难题就是文化概念的界定。一个非常有趣的现象是，一方面，文化概念难以界定，一方面文化概念多如过江之鲫。有两个例证，一中一西，特别能说明文化概念界定的艰难，文化研究者多有提及，所以广为人知。在中国，文化学者庞朴曾经专门向学问大家钱钟书请教什么叫文化。钱钟书说，你不问我，我知道什么是文化，你一问我，我还真不知道什么是文化。在西方，英国学者罗威勒说："我被托付一项困难的工作，就是谈文化。但是在这个世界上，没有别的东西比文化更难捉摸。我们不能分析它，因为它的成份无穷无尽；我们不能叙述它，因为它没有固定形状。我们想用文字来界定它的意义，这正像要把空气抓在手里似的：当我们去寻找文化时，它除了不在我们手里以外，它无处不在。"①可见，文化概念难以界定中西皆然，属于世界性难题。但是，有人统计，近百年来，中外学者正式界定的文化定义已近 400 个，而新的文化概念还在不断地诞生。

因为界定困难，所以众说纷纭；因为众说纷纭，所以界定困难。其结果是，每个文化研究者都面临着这样的尴尬境地：要研究文化，首先得界定自己的"文化"概念，或者交代自己认同的文化概念，并说明原因。我们也只好这么做。

---

① 殷海光：《中国文化的展望》，上海三联书店 2002 年版，第 26 页。

一　文化概念的几种类型及其误区

目前，影响较大的文化概念，大体上可以归纳为"财富说"、"主体说"、"生活方式说"或"生活汇总说"、"观念说"等几种类型。

"财富说"认为，广义的文化指人类创造的物质财富和精神财富的总和，狭义的文化仅指精神财富。我国《辞海》对文化的解释是："从广义来说，指人类社会历史实践中所创造的物质财富和精神财富的总和。从狭义来说，指社会的意识形态，以及与之相适应的制度和机构"。尽管表述稍有不同，但基本都属于比较典型的"财富说"。"财富说"在我国知识界有相当高的认同度。

"主体说"认为，"文化即人"。这一观点在学界影响颇大。

"生活方式说"认为，文化就是一个民族的生活方式（总和）。一些文化大家如钱穆、梁漱溟等都持这一观点。

"生活汇总说"认为，"文化，从最广泛的意义上说，可以包括人的一切生活方式和为满足这些方式所创造的事事物物，以及基于这些方式所形成的心理和行为。它包括物的部分、心物结合的部分和心的部分。"①"生活汇总说"更权威的表达，当属1973年版的《苏联大百科全书》。它把文化概念区分为广义与狭义两种。广义的文化是"社会和人在历史上一定的发展水平，它表现为人们进行生活和活动的种种类型和形式，以及人们所创造的物质和精神财富"，该词条对这一界定的具体解释是："文化是对社会的一种特殊的鉴定，它表明人类所达到的、由人同自然界和社会的关系所决定的历史发展水平。因而文化也是人和自然界与社会统一的特殊表现，是对个人创造力和才能发挥程度的鉴定。文化本身不仅包括人们活动的对象性结果（机器、技术设备、认识结果、艺术作品、法规和道德等），也包括人在活动中所发挥的主观力量和才能（知识和才能、生产技巧和职业技巧、智力、美学和道德发展水平，世界观，人们在集体和社会内部交往的方式和方法），人们通常根据物质生产和精神生产两种形式把文化分

---

① 庞朴：《当代学者自选文库：庞朴卷》，安徽教育出版社1999年版，第17页。

成物质文化和精神文化，物质文化包括全部物质活动及其结果（劳动工具、住宅、日常生活用品、衣服、交通工具和联络手段等），精神文化包括意识和精神生产（从认识、伦理、培养和教育直到法学、哲学、伦理学、美学、科学、艺术、文学、神话、宗教）。"狭义的文化"仅指人们的精神生活领域"。但广义的文化概念，几乎是一个包罗人间万象的概念，文化不仅包括"人们所创造的物质和精神财富"，还包括"物质生产"、"精神生产"活动、"人们进行生活和活动的种种类型和形式"，概而言之，就是人类的"生活汇总"。

"观念说"认为，文化是观念体系，是意识形态性的东西。最早试图对文化概念作出学科界定的是英国著名人类学家爱德华·泰勒（1832—1917 年），他在 1871 年出版的《原始文化》一书中给"文化"做了如下的界定："所谓文化或文明，乃是包括知识、信仰、艺术、道德、法律、习俗以及包括作为社会成员的个人而获得的其他任何能力、习惯在内的一种综合体。"[①] 这个"综合体"就是人类表现出的社会意识的总和，可以说，它是"观念说"最具有代表性、原典性的表达，相对而言也是对文化最准确的界定，这正是它长期为西方学者视为经典定义，同时受到我国学者高度重视的原因。

除了"观念说"之外，上述类型的文化概念，几乎都存在认识上的误区。最严重的莫过于以下几个方面：

第一，把文化与文化主体混为一谈。

"主体说"认为，"文化即人"。众所周知，人是文化的创造者，文化的传播者，文化的享有者。一言以蔽之，人是文化的主体。而文化是人心理意识的外化，是凝结在言行及其结果中的人的思想、情感、观念、认识以及思维方式。文化与人既有联系又有区别。从联系上讲，文化是人创造的文化，文化是人享有的文化；人是文化中的人，人是文化了的人。文化离不开人，人也离不开文化；没有离开文化的人，也没有离开人的文化。人的一切活动都贯穿着人的思维、思考和意识，所以人的一切活动及其结

---

① 泰勒：《原始文化》，上海文艺出版社 1992 年版，第 1 页。

果无不凝结着人的意识，闪烁着文化的光辉。人的精神意识是人的本质所在，这是人和其他动物最根本的区别。

但是文化与人又存在着区别。从实体上看，人是物质存在，也是精神存在；是物质性动物，也是精神性动物，是灵与肉的统一体，是物质和精神合一的客观存在，而文化则纯粹是精神性的无形的东西，它依附于各种物质形式。从本源上看，人创造了文化，人是文化的源头，人的思维活动是文化产生的源泉，没有人的思维、思考和意识，就没有文化，而非相反。从互动关系看，人不断地创新积累文化，人又不断地接受文化的哺育和教化。在这个过程中，文化是死的，人是活的，文化的生命力是人赋予的。从终极目的上看，文化是为了满足人的需要，而非相反。人不仅是文化的源头，还是文化的最终归宿。文化最终要化人。如果文化最终不是为了化人，或者最终不能化人，文化就丧失了存在的意义和存在的可能。人才是最终目的。

"文化即人"的观点，虽然不无道理，但把主体人创造并享有的东西等同于主体，还是值得商榷的。按照这种逻辑，不仅文化是人，科学是人、文学是人、哲学是人，垃圾也是人。因为垃圾也是人制造的，最终也要由人来承受。"主体说"对文化概念的界定和理解，实际上既深刻又肤浅。一方面，它抓住了人是文化的源头和归宿这一根本问题，对文化做了最简洁的概括；另一方面，它取消了文化作为对象的基本分析，在某种意义上，等于取消了"文化"的存在。所以，"文化即人"的观点，不是对问题的深化，而是对问题的简化。在我们看来，人既是文化的对象性存在，也是文化的主体性存在。作为对象性存在，人与文化一分为二；作为主体性存在，人与文化合二为一。这是一个无限循环的过程。

第二，把文化与文化载体混为一谈。

把文化与文化的载体混为一谈，是绝大多数文化概念都存在的糊涂认识。其中最有代表性的是"财富说"、"生活汇总说"，以及"生活方式说"。

因为文化"无处不在"，所以，各种各样的财富，各种各样的生活方式，人类生活各个方面，都有文化存在，这是毫无疑问的。如果说，"财富说"包含着载体及文化的现实稳定性和普遍性，那么，"生活方式说"

就包含着载体形式及文化的历史稳定性和普遍性。"生活汇总说"则囊括了所有载体承载的文化。可见各说各有独到之处，但是，无论是财富，还是生活方式，还是生活的方方面面，都是文化的载体形式。文化寓于其中，而非本身就是文化。生活方式相同，承载的文化不一定相同。比如，有人生活俭朴，源自经济条件所限和勤俭的要求；有人生活俭朴，则是掩盖财富的虚情矫饰。佛道都有静修生活，佛追求的是普度众生，道追求的是个人羽化登天。说白了，生活方式只是载体，载体相同，文化可能不同；文化相同，载体可能不同。世界上大多数国家的交通规则是靠右走，但在英国等少数国家是靠左走。迥然相异的行为方式，承载的文化内涵则是相同的秩序追求。

所以我们说，文化不等于载体，载体也不等于文化。或者说，文化就是文化，载体就是载体。

文化是意识、观念形态的东西，是无形的东西，是一种主观性存在，它总是依附一定的物质形式。物质是一种客观存在，它存在于人的主观意志之外。文化与物质（载体）的关系，实际上就是意识与存在的关系，把文化与物质载体混为一谈，等于把意识与存在的关系混为一谈。而这正是当前学界对文化概念理解的最大误区之一。

我们可以拿我们通常所说的物质文化为例来加以说明。所谓的物质文化，指的不是物质文化中的物质，而是物质文化中的文化，是人类赋予、凝结在物质对象，即器物中的人的精神、意识、技能和思维方式等。器物中存在的物质质料及其规律，是物的一面，它不是文化。但对这种物质质料及其规律的认识、思考、运用（技巧），尤其是其中寓含的人类的目的和追求，则属于文化的一面。搞建筑要用沙粒，沙粒本身不是文化，但沙粒用在建筑上所体现出的人的思考、人的思想、人的意识、人的追求，才是文化。建筑也是一样，不能笼统地讲，建筑就是文化，建筑中所凝结、所体现的人的思考、人的思维方式、人的思想情感认识，才是文化。因此，在所谓的物质文化中，物质是物质，文化是文化。物质质料是文化的载体而不是文化本身。

物质文化在事实层面上是物质与文化的结合体，但在理论上必须加以区分，不能因为事实上的不可分离，就拒绝理论上的区分。这是理论研究的必要条件和逻辑要求。但是，"主体说"、"财富说"、"生活方式说"共同的毛病就是载体与文化相互混淆。其实，人行为也好，各种器物也好，生活方式也好，所有的事物都是文化载体，文化就是承载、凝结在这些事物之中的人的意识和观念。在我们目睹的世界里，可以说，一切都是载体，文化就是文化。载体可以目睹，文化则需体认。面对同一载体，不同的主体会读出不同的文化内涵。非目使然，心使然也。把载体混同文化一个最难解释的现象是，为什么载体完全相同，而文化含义大相径庭。

当然，文化载体与文化二者是相互依赖的。文化离不开物质载体，文化内涵总是寓含、凝结、依附在物质载体上，文化依靠物质存身和催生。文化离开物质就是难以捉摸的虚无。物质载体也离不开文化。所有的物质都要依靠文化澄明和形塑，物质离开文化就是黑暗中的不明之物，在我们生活的世界里，没有不承载文化的载体，也没有不依附载体的文化。一切事物都是文化载体，一切载体都承载着文化，包括那些存在形态未被人类改变的自然物。所以，人们通常把物质、文化一锅煮，全部烩入文化。

但是，文化载体与文化毕竟是不同范畴。

第三，把文化与心理混为一谈。

心理意识是人类大脑的机能，人类大脑是自然界长期发展的产物。追根溯源，心理意识也是自然界长期发展的产物。尽管不少人认定，动物也有心理意识，但动物的心理意识是低级的、简单的，其心理意识的能力主要靠先天遗传，人类则不同，人类的心理意识是高级的、极其复杂的，其心理意识的能力不仅靠先天遗传，更靠后天复杂的学习和训练获得。人类高级复杂的心理意识，在外化的过程中，改造了自然，改造了自我，形成了与自然界、动物界相对应的另一个世界——人类社会。这当然是人类自己的界定。

而所谓的文化，就是人类心理意识的外化形态，准确地说，文化是外化形态的人类心理意识，它包括人类的思想、情感和认识等。对人类来说，心理意识是内在的主观形态的，它以人类的大脑为载体；文化是外在的，客观形态的，它以大脑以外的物质形式为载体。也可以说，心理意识是尚未表达出来的文化，文化是表达出来的心理意识。因此，我们也可以将它们分别称为内文化和外文化。从二者的联系上讲，内文化与外文化互为目的、互相转化。因此人们常常笼统地将二者一并纳入文化的范畴，事实上这是不妥当的。人类的大脑是黑箱，内文化存在于人类的大脑之中，如果不进行外化，社会是无法识别的。尽管人类可以通过外文化推测内文化，但本质上这种推测最终还是对外文化的一种识别和解读。因此，我们所指的文化，是外化了的、客观形态的人类心理意识，不能将主观状态的、内在的心理意识与文化混同。文化学习，虽然要靠大脑吸收消化，但吸收后的东西只能称为心理意识，不能再称为文化。正如牛吃的是草挤出的是奶一样。人作为文化创造、传承的主体，依靠的就是大脑器官。在某种意义上，大脑就是主体，至少是主体的核心构件。

关于文化与心理的区别，简而言之，头脑内的是心理，头脑外的是文化，文化的物化形态是文明。或者说，文明的背后是文化，文化的背后是心理。心理是文化之源，文化之根，文化是心理的枝叶果实。

有学者认为文化包括"心的部分"，还有人提出"心态文化"这一概念，事实上，这两种观点都存在着把心理意识等同文化的倾向。"心态文化"的载体是什么，不清楚，是人的大脑吗？大脑能否视为文化的载体，值得商榷。

第四，文化载体分类混乱。

文化的物质载体分类混乱，也是产生糊涂认识的重要原因。有的研究者把文化分为物质文化、精神文化、行为文化、制度文化，以及心态文化等。从分类标准上看，这种分类应该是按照载体的区别进行的分类，物质文化的载体是器物，精神文化的载体是纯媒介，行为文化的载体是人的行为。但是，制度文化的载体是什么呢，无法判断。因为制度是任何一种载体形式都可以承载的。建筑如故宫，我们可以从中读出制度；人的行为如上下班，我们可以读出制度；书刊如法律手册更不用说，我们也可以读到制度。还有心态文化，有的解释为观念文化，有的视之为以人的大脑为载体的心理意识，即所谓"心的部分"。从词义上看，应该是以人的大脑为载体的。接下来的问题是，大脑是不是文化的载体？如前所述，大脑是人这一主体最核心的器官，文化的创造和传承，大脑发挥着关键作用。文化是约定俗成的东西，它凝结、固化在各种物质媒介中，能够为社会解读。而大脑中的心理意识是没法约定俗成，也没法解读。只有主体表达出来，把它从大脑中输出，外化在表情、行动及其结果中，即成为文化，我们才能够解读。如前所述，大脑属于主体的关键部件，在某种意义上大脑就是主体，而不属于文化媒介。把大脑当作媒介，不仅造成载体分类混乱，而且混淆了主体与文化的区别。

总之，上述糊涂认识归根结底是对文化的内在要素认识不清。文化的内在要素有三个：主体、载体形式、文化内涵。文化研究，首先要对文化的内在结构进行分析，理清文化的结构要素。主体就是主体，载体就是载体，文化就是文化，在理论上是应该分割清楚的。主体就是人，毋庸费言。文化内容是人类的社会意识，就是知情意，下文有分析。载体形式，是承载、凝结人类外化、客观化社会意识的物质形式，既包括人的行为结果，也包括人的行为过程。而人的行为可以分为两类，一类是满足人生存的生物性需要；另一类是满足人心理情感的精神性需要。人的行为结果也可以分为上述两类，通常称为物质财富和精神财富。事实上，人类的任何行为和行为结果，都负载、凝结着文化，都是文化的载体。这一点是没问题的。如果我们按照载体对文化进行分类，我们可以把行为作为一类，把结果作为两类，即行为文化（以行为为载体的文化）、物质文化（以器物为载体的文化）、精神文化（以专门的媒介为载体的文化）；也可以分为两类，器物及其行为文化；精神及其行为文化。我们还可以根据媒介的性质，把媒介分为兼媒介、准媒介和纯媒介。所谓兼媒介就是器物，因为它兼有媒介的功能。所谓准媒介，是指那些丧失了原有功能并已转化为文物的器物。纯媒介是专门用来承载文化的专用媒介。很多文化概念，不仅没有包含这种分析，反而上来就是一锅烩，所以，一开头就成了一笔糊涂账。比如谈建筑文化，就是罗列一系列的著名建筑，似乎这就是建筑文化。而究其实，建筑文化应该是建筑中的文化，即凝结在建筑中的人的思想、情感、观念、认识、价值追求、审美趣味等，而不是建筑物质形式本身。同理，物质文化也是凝结在物质中的文化，而不能直接等同物质本身。文化离不开物质载体，但物质载体不能等同于文化。很多人谈论物质文化就是罗列物质，不见文化。

尽管绝大多数文化概念存在不足，但还是有个别的文化概念值得我们关注和思考。其中特别值得我们关注和思考的就是《大英百科全书》（1973—1974 年）对文化的界定。该辞书将文化概念分为两类，第一类是"一般性"的定义，将文化等同于"总体的人类社会遗产"；第二类是"多元的相对的"文化概念，"文化是一种来源于历史的生活结构的体系，这种体系往往为集团的成员所共有"，它包括这一集团的"语言、传统、习惯和制度，包括有激励作用的思想、信仰和价值，以及它们在物质工具和制造工具中的体现"。可以说，这一界定相当精辟和深刻。

从"一般性"的定义看，它将文化界定为"总体的人类社会遗产"，远比界定为物质财富和精神财富的总和要精当、要周全。其原因有三：第一，人类在创造大量的、光彩照人的物质、文化的精品杰作的同时，也创产了大量的垃圾和糟粕。但无论是精品杰作还是垃圾糟粕，凡是历史留存下来的，都是遗产，所有的遗产都凝结着历史的真实和文化，都是我们了解历史的窗口和读本。所以，历史学家袁伟时先生说："我们应该坚决禁毒，但鸦片烟枪等历史垃圾也应是博物馆的收藏品。"[①] 可见，该界定强调文化是"总体"遗产而非仅指精华部分，是十分深刻而又极富现实意义的。但是，"财富"一词有鲜明的褒义色彩，无论是历史的垃圾和糟粕，还是现实的垃圾和糟粕，都无法归入"财富"范畴。由此，"财富说"即使仅仅概括人类历史文化的范畴，也并不周全。第二，人类创造的财富，可以分为遗产和"现产"，遗产都是文化，"现产"则不一定。遗产包括物质遗产和精神遗产，无论是物质遗产还是精神遗产，在历史的选择和淘汰中已经凝聚了丰富的文化内涵，作为物质遗产的器物也基本丧失了或者完全丧失了作为器物的功能，成为纯粹的、专门的文化载体。所以我们完全可以把物质遗产和精神遗产一起直接归入文化的组成部分，而忽略不计其原有的物质功能的一面。简而言之，所有的遗产都可以称为纯粹的精神文

---

① 袁伟时：《以世界公民的眼光审视一切》，《南方周末》编《大家手笔》，北京工业大学出版社 2011 年版，第 190 页。

本、文化文本。著名学者李学勤先生指出："考古学发现的东西当然是物质的，但很多都是反映精神的。其实道理很简单，比如一个墓葬，它总有一定的葬仪、一定的礼制，这些东西都是精神的东西。一个铜器、一个陶器，这些东西都是反映当时社会、当时的风俗习惯。如果你只是从物质上来看，那么，这样的考古学，它的作用就很值得考虑了。"①李先生的观点获得了考古学界广泛的认同。文化的"财富说"尽管在时间上涵盖了从古到今创造的财富，但今天的"财富"，有大量的属于同质复制品，文化含量、文化价值都很低，且未经过历史的选择和淘汰，所以根本进入不了"文化"序列，把这些"财富"尤其是"物质财富"纳入文化的组成部分，为时过早。历史建筑拆迁常常涉及是否破坏文化的问题，当代建筑的拆迁基本上不涉及文化破坏问题。可见文化的"财富说"还存在外延过宽的毛病。第三，文化的"财富说"存在的理论漏洞，为人为破坏历史遗产、破坏文化留下了方便之门，至今让人痛心不已的"破四旧"，把大量的文化遗产当作或者继续当作垃圾和糟粕疯狂破坏，在思想理论上不能说与"财富说"没有关系。而"遗产即文化"的观点却能在理论上很好地阻击这种破坏行为，这就是"遗产说"的精当之处。

从"多元的相对的"文化概念来看，该界定可谓击中肯綮。

其一，它精准地揭示了文化的核心内涵。它认为文化的内涵是"语言、传统、习惯和制度，包括有激励作用的思想、信仰和价值，以及它们在物质工具和制造工具中的体现"。显然这一界定并未囊括全部精神领域和所有的精神财富。文化作为人类社会意识的总和，既包括科技知识，也包括人文意识。科技知识直接涉及客观物质世界，是对自然规律的反映，人只能是发现它、利用它，但不能凭借主观意志创造它、改变它。对人来说，规律是死的。不同的民族拥有的科技知识，只有量上的差别，不可能在内容上存在质的差别。人文意识是人类对自身秩序和心理情感、精神追求的反映、规范，它与自然规律关涉较少甚至完全没有。各族群之间恒久

① 李学勤：《走出疑古时代》，《90年代思想文选》（第一卷），广西人民出版社2000年版，第108页。

无法弥合的文化差别，就是来自人文意识。而这一点正是文化的核心部分，也是我们所说的狭义文化。因为人文意识，主要来自一个集团成员主观上的共同约定。这种约定是任意的，如同文化符号。人们已经公认，符号是那些通过人们的约定而获得意义的事物。任何事物通过人们的约定都可以获得意义，而其中的意义就是文化，其中的事物就是文化载体。所以，意义和载体都是人们约定的，都源于人们的约定，而不是源于某种客观必然。尽管约定可能存在某种必然因素，但主观任意性还是相当鲜明。这种来自主观任意约定的意义，或者说形成的思想、信仰、观念，以及传统、习俗和规范，就是核心文化。核心文化在宗教信仰、民间风俗、艺术领域表现得特别突出。我们研究发现，越是文化的东西，越是与真理无关。所以，《大英百科全书》对文化的界定抓住了文化的精髓和核心。

这里特别需要注意的是，这一界定明确指出，"物质工具和制造工具"所体现的思想、信仰、规范等才是文化，这就意味着"物质工具和制造工具"等物质财富只是文化的一种载体，本身并不能直接成为文化的构成部分，从而避免了众多文化概念混淆文化载体与文化的认识失误。

其二，关于核心文化的本源，它认为"文化是一种来源于历史的生活结构的体系，这种体系往往为集团的成员所共有"。这是核心文化的两个重要特征。所谓的"历史的生活结构"，就是历史发展过程中的社会秩序，以及相应的社会心理。文化是人类对世界的认知和意识，它包括对自然界、人类社会和人自身的认知和意识，也包括对认知和意识的再认知、再意识。但核心的文化或者说真正的文化并不是对自然界、人类社会、人自身等的客观的、科学的、真理性的理性认知和意识，而是无法证实证伪的，甚至带有明显的非客观、非科学、非真理性色彩的认知和意识，或者是前后二者相互杂糅的认识和意识。简单地说，真正的文化是构建、适应一定社会利益结构和心理结构的思想、观念和规范。真正的文化完全属于人的自为领域，与客观规律无涉。比如中国传统的"天人合一"、"天人相应"以及皇帝是天子等观念和认识，都属于人的牵强附会，而与客观规律无涉。中国曾经长期流行女人裹脚的习俗，三寸金莲成为一种女性美的标准，原因在于小脚女人容易束缚在家里，相夫教子、服侍公婆。由此可见，裹脚这种习俗、观念和规范，出自一种社会利益结构，而与自然规律背道而驰。当然，自为本身也表现出一定的规律性。作为核心文化，不仅要经过历史的选择和传承，还要得到集团的认同，"为集团的成员所共有"，才能进入集团文化的核心领域。毫无疑问，文化是源于个体的创造，但个体创造的"文化"，能否真正地成为文化，至少要过两关：一是集团认可，二是历史认可。否则就是昙花一现，过眼云烟。

其三，明确指出文化概念的"多元""相对"性。文化概念的纷争，原因很多，但其中一个重要原因是，文化概念的多元相对性。自从有了人类，文化几乎无时不有，无处不在，举凡人之所想，人之所至，大到宇宙，小到夸克，大千世界，人间万象，无不闪烁文化的光辉。文化如同空气，弥漫于浩瀚天空，无穷无尽，无边无沿，无影无形。任何一个研究者面对渺无涯际的文化，都难免有老虎吃天之感。所以除了一般的、普通的、基本的文化概念之外，必须界定出部门文化概念或相对的文化概念，才能着手研究。

部门文化概念，是各个具体学科所规定的文化概念。不同学科领域的文化有不同的特点，各学科界定出切合该学科特点的文化概念是必要的。尤其人文学科和社会科学更应如此。比如考古学的文化概念，指同一个历史时期的不依分布地点为转移的遗迹、遗物的综合体。这一概念似乎与通常所说的广义文化概念类似，即物质财富、精神财富的总和，但实际上不同。这些遗迹和遗物，多数是当年的物质财富，经过漫长的历史时光的淘洗，其实用功能已经丧失，同时随着历史赋予的文化内涵的不断附加，文化功能大大凸显，即使其实用功能尚存，也会被人为地强制丧失。因此，它们已经成为纯粹的文化载体，成为代表不同时代的文化符号，历史的文化标本，所以直接将其界定为"文化"，是有道理的。

所谓相对文化概念，就是根据研究的主体或者主题确定的文化概念，即把主体或主题部分界定为文化，其他部分则相应地视为载体。因为客观上文化是有层次的，也存在不同的侧面和特征。用一种简化的形式来描述就是：（社会生活）→信息→知识→观念（思想、观念、理想、信仰）→规范（制度、道德、风俗习惯以及技术规范）→（社会生活）。在这个往复循环的动态过程中,我们可以截取任何一个环节作为载体,分析其中的文化,即该环节所蕴含的下一个或几个环节的文化内涵。因为文化具有明显的多元性、多层次性、多侧面性,研究者在文化研究中必然有所取舍,取中的就是文化,未取中的就是载体。取舍不同,文化的界定就不同,相应的载体也不同。如同摄影,取景不同,镜头中的主体就不同,相应的背景也不同。镜头中的主体就是文化,镜头中的背景就是载体。比如法律文化,法律条文就是载体,法律条文中贯穿的思想观念、精神理念、价值追求等就是文化。事实上,法律条文本身就属于文化。再比如"成语文化",成语就是载体,成语中反映的历史遗迹和社会意识就是文化。所以在实际的文化研究中,文化与载体是相对的。这种相对性完全是由文化研究的取景不同造成的。事实上,这是正常现象。问题是,很多研究者把这种各取所需的界定当作一般的文化概念,不理解文化概念的多元性和相对性,自觉不自觉地把部门文化概念、相对文化概念与一般文化概念混为一谈,文化概念的纷争就不可避免。

当然,《大英百科全书》在一般文化概念上也存在文化与载体不加区分的倾向,但瑕不掩瑜,这一界定对我们正确理解文化的概念还是极有帮助的。

二 我们对文化概念的界定

文化说来很简单,文化就是人类思维内容和形式的外化,就是凝结在各种物质形式中的人类意识。或者说,文化就是人的思维内容和形式通过各种媒介的外化,是凝结在各种媒介中的人类意识。从狭义上说,文化是专门媒介所承载的人类意识。这种专门媒介,就是专门用以承载人类意识的物质形式。我们可以称之为纯媒载体或纯媒介。所谓文化研究,就是研究各种物质形式所负载的人类意识。

同时,文化又很复杂。它的生理机制、表现形式、内涵结构、特性功能等,都很复杂。文化是人思维内容和形式的外化,人人都在不停地外化,不到死亡不会停止。所以,从文化学的角度看,不存在没有文化的人,更不可能存在没有文化的族群。所以文化无处不在,无人不有,而且又看不见、摸不着，就像是人的精气神，无形有踪，而所谓踪就是载体形式。几乎世界上所有可见可感的事物都是文化媒介，包括日月山川、花草树木、虫鱼鸟兽等自然界的物质，都是人类的文化媒介，都有人的思想意识情感凝聚其中，即使是原始初民面对日月山川也会有各种想法、看法，这种想法和看法实际是就是凝结在日月山川这种媒介形式中的文化内涵，但是我们通常情况无法解读，除非他们曾经把这种想法和看法通过别的媒介形式进行了表达。正因为文化无处不在，日月山川有文化，连盆盆罐罐的碎片都有文化，所以研究文化总让人有"老虎吃天"之感。

但文化无论怎么复杂，我们总能找到头绪。我们认为，主体、载体、本体（文化内涵）是文化结构的三个基本要素。下文以文化的三个要素为基点稍作阐释。

第一，关于文化的主体。

文化的主体是人，人是文化的创造者，也是文化的传播者和享有者。人是文化的唯一源泉，也是文化的唯一归宿。这些是毫无疑问的。但有两个问题需要搞清楚。一是关于主体、载体、文化的关系，在坚持三者的联系的同时，也要坚持三者的区别。主体就是主体，载体就是载体，文化就是文化。主体不等于载体，也不等于文化。理由前文已有论述。其次，关于个体和群体在文化上的关系，在坚持群体是文化主体的同时，也要坚持所有的个体都是文化的主体。作为主体的人，可以分为个体和群体。文化来源于个体的创造，但个体创造的文化，是否具有群体意义，是否能在群体中得到传播，得到认同，而成为群体共同拥有的文化，这是不一定的。群体包括共时性的群体，更包括历时性的群体。比如原始人群中有一个体对绘画有特殊的嗜好，且有卓越的绘画能力，但这种绘画艺术能否为原始人群所欣赏、掌握，并且穿越漫长的历史隧道，成为今天的文化遗产，没有任何人能给予肯定的回答。所以，文化虽然源于个体的创造，但被时间和历史无情淘汰的文化现象可谓不计其数，不具有群体意义、不为群体所知悉认同的文化现象是如此，具有群体意义、为所知悉认同的文化现象也是如此。否则，也不会有那么多的历史之谜、文化之谜，让我们苦苦追寻且无法破解。有很多学者强调文化的社会性、群体性，认为具有社会性和群体性的才是文化，个体性的不是文化。如前所述，所有社会性、群体性的文化都来自个体的创造，而所谓的社会性、群体性的文化，最终还是由个体承担。个体文化与群体文化，就是个别与一般、特殊与普遍的关系。重视文化的社会性和群体性，不是没有道理，因为传播是文化的生命，始终为个体所有的文化，最终会随着个体生命的结束而结束。事实上，所有的人都是社会化的人，不具有任何社会性的纯粹的个体文化，是不可理喻的，是根本不存在的。人类大量的文化之所以消失在历史的黑洞之中，不是因为它不具有社会性，而是另外的两种情况使然：一种情况是价值含量低或价值丧失，群体不再传播，因而失传；另一种情况是没能逃脱历史的劫难和冲刷。

当然，历史发展到今天，社会为每个个体的文化预留了法定空间，每一个社会成员，都可以在自己的法定空间内，随意创造文化，尽管脱不了社会性，但完全为个体所有，可以免遭社会群体的传播，除非个人允许。这正是人类现代文明的象征。

文化是人的创造物，而不是人本身。在文化的产生中，人类的大脑是加工厂，原料是人类对环境、对自身、对思维本身的各种心理意识，人在各种活动中又把这种心理意识外化、输出，呈现、寄寓、凝结在行为过程及其结果中。所以，文化是人头脑中的心理意识外化而成的，不能把文化直接等同于心理意识，心理意识是原料，文化是成品，只有把心理意识和文化区别开来，才能把主体和文化区别开来。所谓人是文化的主体，大脑就是人这一主体的核心，文化的创造和传承，这一核心发挥着关键作用。人的一言一行、一举一动、一颦一笑都是文化的载体，包括人的身体。但唯有大脑不是文化载休。可以这么说，文化的唯一主体是人，本质上是人的大脑。

除了脑神经出现严重疾患者以外，所有的人类个体都有心理意识，所有的个体都有心理意识的表达、流露，所以每个个体都有文化，不存在没有文化的个体，更不存在没有文化的群体。从这个角度看，文化是所有人类个体外化的意识的总和。

人是灵与肉的结合体，人一开始就具有物质和文化的二元需求，也具有二元创造的能力。物质和意识相互生发。就本原而言，文化源自人类的生物本性，源自人类的大脑机能，源自自然环境的规定，源自诸多偶然因素的凑合，源自具有选择可能的空间。但就现实性而言，文化只能是得到社会历史传承的文化。换句话说，个体所创造的文化，只有得到群体和历史的传承，才能进入现实的文化范畴。

第二，关于文化的载体。

文化的载体是各种物质形式。人的思维、思考、意识是一种精神活动，专司这一活动的人脑是黑箱，科学至今难以完全揭示其中的奥妙，所以大脑的思维活动看不见、摸不着，但任何精神活动都离不开物质，所以人的心理意识外化总要依托一定的物质形式，通过各种物质形式存储和表达、表现出来。这些物质形式，从文化学的角度看，就是载体。载体是人类保存文化的重要方式。"人类千百年以来保存智慧的手段不出两端，一是实物，比如长城等，二是书籍，以后者为主。"① 实物就是人类创造的物质财富，书籍就是人类创造的精神财富，它们都是极为重要的文化载体。因为这些物质财富和精神财富都寓含着、凝结着、表现着、表达着人类的某种意识，所以，人们又把物质财富和精神财富称为物质文化和精神文化。

如果说物质财富、精神财富是静态的文化媒介、文化载体，那么，人的行为过程、人的行为本身就是动态的文化载体。因为人的行为本身、人的行为过程也无不体现、表现、表达、承载着人的意识。这种以人的行为为载体的文化，我们称之为行为文化。

实际上，世间万事万物均可充当文化媒介和载体。世间万事万物可以分为两类，一类存在形态经过人类改造，一类存在形态未经人类改造。进一步思考还会发现，那些存在形态未经改造的自然存在之物，也是人类的文化载体。例如日月星辰，作为自然存在之物，人类的改造行为基本上无法企及，而作为文化载体，又都承载着人类极其丰富的认识和想象。日落黄昏，皓月当空，目睹神思，意象联翩。这种效应更多地源自作为文化符号、文化载体的日月，而非作为自然存在之物的日月。再比如乌鸦，中国人视之为不祥之鸟，但在日本却视之为神鸟，都是同样的道理。所以自然

---

① 季羡林：《季羡林谈读书治学》，当代中国出版社 2006 年版，第 2 页。

物作为文化载体，尽管尚未进入学术视野，但理应引起文化研究者的关注。因此，从文化学的眼光看，世界上无物不媒介。

但不同的物质形式充当文化媒介的能力和适宜性并不相同。那些特别适宜于充当文化载体的物质形式，被专门用来承载人类的意识。比如古代用于文献记载的龟甲兽骨和竹木简，现代大众传播所用的纸张等。这种媒介可以称为纯媒介，通常我们说的文化媒介指的就是这类媒介。另一类事物或物质形式尽管也承载着文化，甚至文化内涵极为丰富，但就其主要功能而言，它不是用来满足人的精神需要，而是用来满足人的物质需要，比如人们衣食住行所需的物质和活动。这类媒介可以称为准媒介。

根据上述分析，文化载体基本上可以分为四种类型：第一种是人类制造的各种实用器物，即准媒介；第二种是人类制造的专门用来承载文化的物质载体，即纯媒介；第三种是人类的行为，行为作为文化载体，一部分类同准媒介，一部分类同纯媒介；第四种是自然物，自然物作为文化的载体形式，类同于纯媒介。

所以，文化媒介可以归纳为纯媒介和准媒介两个系列。纯媒介系列包括精神活动和专门承载人类意识的物质载体，它主要用来满足人类的心理、精神需要，或者为物质活动储备科技知识。纯媒介的主要价值和意义就在于承载文化。所以，通常情况下，纯媒介的物质价值是忽略不计的。当然都有特殊情况，比如已经成为纯媒介的文物，其载体形式和文化内涵都具有相当高的价值。准媒介包括物质活动和实用器物，它主要用来维持和提高人类的生物性、生理性生存水平。通常情况下，准媒介的文化价值是忽略不计的。所以，大批新建筑的建设说不上是文化建设，大量的建筑拆迁也说不上是文化破坏。

准媒介和纯媒介既有区别又有联系。准媒介与纯媒介的主要功能不同，物质形式、文化含量有异，但是在特定的视角下，二者的界限也会消融，尤其是准媒介，不仅在一定视角下会进入文化视野，而且在一定的历史条件下会转化为纯媒介。大体上说，所有的历史遗产都是文化遗产，所有的文化遗产都是纯媒介，或纯粹的文化载体。我们研究文化遗产，实际上就是研究这些载体中承载的或沉淀的人类意识。纯媒介和准媒介之间的相互转化，一般情况下，都是准媒介向纯媒介转化，但有时纯媒介也会转化为准媒介，如司母戊大方鼎曾经被农民用来做牛槽喂牛。

第三，关于文化的本质和特征。

文化是人类思维内容和形式的外化。文化的本质是客观化的主观意识，是人通过各种物质形式外化的主观意识。它既不同于心理，也不同于文明。心理是人类大脑思索、思考、思虑的内容和形式，是大脑机能的内在运思活动，运思结果的外化部分才是文化，可见，文化只是心理内容的一部分，而且在外化的过程中还会出现走形。而文化造成的事实，就是文明。文明是客观形态的物质存在，是人类历史发展水平的客观标志，是看得见，摸得着的有形的东西。所以，文明又是文化的载体，文化则是凝结在文明中的人类意识，是看不见、摸不着的无形的东西。这是一个从内在的无形到外在的无形，再到外在的有形的一个过程。心理、文化、文明三者相互生发，同时存在。

文化的特征很多，从不同角度，可以总结出不同的特征。这里只想论述文化的无形性与依附性，选择性和多元性。

文化是无形的东西，不能靠看，也不能靠听，我们能看到的、能听到的都是载体形式，而不是文化。文化要靠心阅读。如果没有内在的认知结构，再有价值的文本，也极有可能当作废物。文化作为人类外现的主观意识，看不见，摸不着，又无处不在，无时不有，一种形象的比喻就是，文化如同空气。因为文化的本质是人的意识。

文化的无形性，决定了文化的依附性。文化总是依附一定的媒介，离开了一定的物质形式媒介，文化就无法存身，无法存在，而且文化的发展也常常表现在其载体形式的转换。

文化的选择性。文化是人类在存在多种可能性的客观环境中的一种主观能动选择。通常情况下，客观环境作用于人之后不会产生唯一的结果，而是有多种可能。而文化一定产生在这样一个空间：存在两种或两种以上的可能性选择。人选择了其中的一种或一部分。《文化论》认为："任何个性文化当然是以文化选择为前提的，在继承现有文化的基础上，不断创造，不断发展的。"① 实际上，不仅是任何个性文化，而是任何文化都是以选择为前提的。文化创造如此，文化继承也是如此。尽管现有文化是客观存在的，其本身我们没法改变。但对现有文化的继承，同样是我们选择的结果。什么继承，什么不继承，什么坚决摒弃，我们以什么样的态度继承，我们如何继承，我们为何目的继承，都是要经过我们选择的。无论这种选择是否自觉，选择都是存在的。世界上各种文化千差万别，根源于客观环境提供的多种可能性。美国著名的文化学者本尼迪克在《文化模式》一书中也注意到了文化选择问题，可惜没有展开论述。②

　　有选择的空间，就有文化；没有选择的空间，就没有文化。选择的空间越大，文化创新的机会越多。选择的形势越严峻，文化的品质越显著。所谓知其不可而为之，所谓天将降大任于斯人，体现的就是文化的高品质。在我们的生活中，所有的规范制度都来自选择，都因为存在多种可能的选择，假如只有一种必然存在，人制定规范制度就是多余的。没有选择就不可能创造，没有创造就没有文化。创造和发现不同，尽管二者的难度和对人类的价值没什么分别，但就结果而言，文化是一种创造，而不是发现；规律是一种发现，而不是创造。但是面对规律的必然性，我们依然可以有文化创造。比如万有引力等自然规律的存在，人类无法选择，所以万有引力规律不属于文化内涵。客观规律不是文化，但对待客观规律的态度是文化。因为作为文化选择，你可以选择相信，也可以选择不信，可以选择消极地对待，也可以选择积极地对待。无论信与不信，消极还是积极，都是一种文化的呈现或创造。尽管选择不信，有可能遭受某种惩罚，也有可能不遭受惩罚。相信"日心说"与相信"地心说"，对尘世众生的生活毫无影响，更不要说遭到规律的惩罚。历史上相信"地心说"的教皇没有受到惩罚，而选择相信"日心说"的布鲁诺，却遭到了惩罚，但这种惩罚不是规律、真理的惩罚，而是不同文化选择者的惩罚。是谬误惩罚了真理，而不是真理惩罚了谬误；是文化惩罚了规律，而不是规律惩罚了文

---

① 蔡俊生、陈荷清、韩林德：《文化论》，人民出版社 2003 年版，第 197 页。
② ［美］露丝·本尼迪克：《文化模式》，何锡章、黄欢译，华夏出版社 1987 年版。

化。人类所遭受惩罚，更多的来自文化而非规律。本质上，惩罚布鲁诺是当时的"人心所向"，至少是控制欧洲社会的教会、教士们的"人心所向"。规律是发现的，文化是选择的。为何这样选择而不那样选择，因为人心。与其说文化是客观环境的产物，不如说是文化环境的产物；与其说源自客观环境，不如说源自人心。直到现在，西方还认为人权是天赋的。所谓"天赋"，说白了就是"人赋"，众人之心所赋。

客观环境提供多少可能性，体现的是客观的限定性；面对环境提供的多种可能性，如何选择，体现的是主体主观能动性。选择的主观能动性，决定了文化的主观性、能动性、多元性和自由性。选择空间越大，文化的多元性越高，文化的创新力越强。文化的创新来自文化的自由。苏格拉底面对的是死与不死两种可能性选择，如果没有这种可能性选择，苏格拉底之死的文化价值将极大地降低。正是因为苏格拉底可以选择，才教会了人们理性，教会了人们如何以理性对待不理性，这是苏格拉底以自己的生命为代价贡献给全人类的宝贵财富，它铸就了哲人的千古光辉。文化的主观性，不仅体现在它是人选择的，而且体现在它是人赋予的。因为文化是人赋予的，完全同质的载体形式，主体赋予的意义不同，文化内涵可能截然相反，文化含量可能有云泥之别。实际上，赋予什么，不赋予什么，也是一种选择。从文化的循环周期来看，不仅选择、赋予体现主观性，文化的体认更能体现某种主观性。面对先在的文化，如何解读，认同什么，不认同什么，依靠的也是主观选择。

文化是一种主观选择，是一种主观选择的积累。文化一旦诞生，就会成为文化原型，继续发酵出新的文化，即不断在已有的选择之下进行选择。相应地，选择的空间会越来越小，最后会进入无可选择的死胡同，如同活人被埋进了坟墓，文化就成了裹尸布。"人类的文化生活就是在荒诞与不荒诞中度过的，而且还处在这个'度过'的途中。"文化成就了人类的光辉，也屡屡把人类拖向死亡的边缘。在一定程度上，文化逼窄自身的生存空间，远远超过客观环境。文化发展史上不乏这样的事实，中国封建社会大一统的儒家文化，最后走向垮塌，就是明显的例证。而这样的事实反证了文化发展必须有自由的空间。文化的多元性与必然成反比，与偶然成正比。这是我们需牢记的第一条规律。文化是飘动的舞带，但如果我们不保持它本来的空间，最后极有可能变成裹脚布。

因此，我们可以这样看，文化是人类选择、赋予、固化、凝结于各种物质形式中的主观意识。通常情况下，文化先于事实，而不是事实先于文化。一个最简单的道理是，头脑指挥手脚，而不是手脚指挥头脑。文化研究就是从文化造成的事实中反观、回溯文化。

第四，关于文化的分类。

目前学术界相当流行文化结构"三层次论"和"四层次论"。"三层次论"把文化划分为物质、制度、精神三个层面。物质层面是指人类创造的物质产品的总和。它处于文化结构的表层，容易变动。制度层面指人类在社会实践中组建的各种社会行为规范，包括宗教信仰、社会制度、风俗习惯等。它处于文化的中层，相对于物质层面而言，比较稳定，变动较难。精神层面指的是思维方式、审美情趣、价值观念等。它处于文化结构的深层，不易变化，是文化的核心，一旦形成，相当稳定，并且有滞后性。"四层次论"在"三层次论"基础上增加了"行为文化"层次，即物态文化、制度文化、行为文化、心态文化四个层面。行为文化层指的是人际交往中约定俗成的以礼俗、民俗、风俗等形态表现出来的行为模式。比如，庞朴先生把文化分为物质文化、制度文化、精神文化，而余英时先生把文化分成物质层次、制度层次、风俗习惯层次、思想与价值层次。[1] 今天人类文化学者大多数还同意，把广义的文化分为显性文化和内隐性文化。前者是外显的，易观察的，相当实在的，例如一个群体的日常风俗习惯、常见制品等；后者指的是一套有组织的规则，位于日常显性文化之后，是日常显性文化协调一致的模式，根据日常显性文化内推而得，属于深层潜隐的基础性符号、价值观和意义。

认真分析会发现，这些分类形式存在着严重的逻辑混乱。

实际上，物质也好，行为也好，都是文化载体，而不是文化本身。所谓的制度文化、精神文化或者心态文化，都存在于行为和物质载体之中，

---

[1] 余英时：《从价值系统看中国文化的现代意义》，台湾 1984 年版。

世界上不存在没有载体的文化。而载体只有两种，一种是物质，一种是人的行为。离开了这两种物质形式，文化是不能存在的。物质载体可以分为器物和纯媒介。纯媒介又可以分为普通纯媒介和特殊纯媒介两种，前者如纸张，后者如雕刻用的石头等。行为也可以分为器物性行为和纯媒介行为。前者如物质生产和消费活动，后者如各种仪式和表演活动。因为器物尽管也凝结着、承载着人类的文化，甚至承载着丰富而又深刻的文化，但其主要功用还是在于满足人类生物性的物质需要，而不是用来专门承载文化，所以器物作为文化载体和媒介，是一种伴生性的媒介，是兼媒介。这种兼媒介经过漫长的历史选择，丧失了原有的器物功能，而成为专门的文化载体，即是文物。我们可以称之为准媒介。历史给我们留下来的物质载体，一般情况下，只有准媒介和纯媒介。因为人的历史行为是没法固化保存传世的，只能代代模仿承袭。这种代代模仿承袭的行为，就是非物质文化遗产。它包括器物性的承袭行为和表演性的承袭行为。有人认为，物质文化是有形的，非物质文化是无形的，其实这也是一种不正确的认识。所有的文化都是无形的，所有的载体都是有形的。物质文化与非物质文化的本质区别在于载体不同。非物质文化主要以人的行为为载体，即以人的行为本身为直接表现形式，因此也可以称为行为文化。物质文化则是以人体以外的物质为载体的。

所以在文化分类上，我们要么以载体的物质形式分类，要么以文化内在的层次或特征分类，或者以文化的主体分类。如果以载体形式分类，我们可以把文化分为物质文化和行为文化，或者分为纯媒介文化（包括纯媒介行为文化）和器物性文化（包括器物性行为文化）。如果以文化内在的层次或特征分类，我们可以分为高级文化和通俗文化。如果以主体分类，我们可以分为精英文化和大众文化。当然，文化的分类角度很多，但是把几种视角和分类标准混为一谈，显然有违逻辑要求，也是一种思想混乱的表现。

我们想提供一种新的分类，即把文化分为认知层面的文化、思想层面的文化、规范层面的文化。简单地说，就是知识、思想、规范。

认知层面的文化，就是知识，指的是人知悉的范围和数量。它包括碎片性的信息资料和系统化的理论知识。

思想层面的文化，指人的思想、观念、信仰等。思想文化与认知文化的不同在于，认知只是表明主体知悉，它为主体思想的形成提供了某种基础性的东西，但不一定成为或者形成主体的思想。从认知到思想要经过转化环节。思想文化与规范文化也不同。思想文化是主体的观念和信仰，是一种极为抽象的存在，能否化为具体的、可操作践行的规范，也要通过转化环节。比如，自由、民主、平等、秩序、安全、和谐和快乐等，是全人类的价值目标、价值观念，但如果没有具体化为法律、制度，它只能停留在思想层面。所以，在一定意义上，我们可以说，思想是行为的目标，规范是行为的准则。

规范层面的文化，指那些用来约束人们社会互动的规则和标准。它告诉人们哪些可以做，哪些不可以做，应该怎样做，不应该怎样做，以及违反规范如何进行惩罚等。规范文化包括习俗、道德、法律。习俗是群体成员最基本的、日常性的认同形式，道德是群体成员必须遵守的行为标准，违反道德会受到社会的处罚，因为这种具体的违反行为会动摇思想层面的文化，动摇维系一个群体的价值目标。法律将那些仅仅依靠道德会规范不力的地方，进一步具体化、明晰化、专门化、正规化、强制化，从而更有力地规范人的行为，维护共同的价值观念和群体秩序。

需要说明的是，文化是以一种环形结构的形式存在的。文化内部，认知、思想、规范三者不是线性关系，而是一种网络状的循环关系，三个层面之间形成的是一个相互支撑、转化的环形结构，我们可以称为文化的内环结构。文化又与行为、物质构成一个互相包含、互相转化的外环结构。文化指导行为，行为创造物质，物质推动文化，三者循环不已。文化与行为、物质之间构成的环形结构，可以称为文化的外环结构。合称文化的双环结构。文化的生命就在于循环，就在于不断地进行载体转换。或者说，文化的生命力就在于文化的载体转换能力。载体转换不仅是文化发展的主要标志之一，也是产生文化增量唯一途径。人是文化转换的枢纽和动力，是文化发展的力量。这个力，是矢量，有大小，有方向。

三 我们对核心文化及其特征的理解

什么叫核心文化？为什么称之为核心文化？核心文化与一般文化的区别在哪里？核心文化的意义是什么？这是我们最需要搞清楚的问题。

根据社会意识与客观事实之间的关系，我们可以把社会意识分为两部分，一是科学知识，二是人文意识。科技知识是以事实为依据，通过严密的逻辑推理获得的理性认知、规律性认知。人文意识则是基于人类心理、情感、精神的自身需要，或社会利益秩序安排需要，通过主观臆想和设定而形成的思想和规范。科技知识的突出特点是，其内涵不以人的主观意志为转移，只能发现，不能创造，具有高度的一致性和统一性。人文意识的内涵总是以人的主观意志为转移的，它来自人的创造，人的选择，具有丰富的多样性和多元性。一般情况下，社会强势集团的人文意识，经常主导社会的主流文化。如果说，不同族群之间的差别主要是文化差别，这种文化差别最难消弭的是人文意识，而不是科技知识。人文意识才是民族、族群的核心文化，才是真正的文化，才是人类的创造而不仅仅是发现。所以我们把狭义的文化定义为人文意识，即，文化就是人文意识的总和。我们相信这一界定是明晰的、准确的、科学的和简洁的。

理解这一概念，要把科学与文化区别开来。

学术界一般认为，社会意识是社会存在在社会精神领域中的总体反映，是精神现象的总和，包括社会的人的一切意识要素和观念形态：政治、法律、哲学、艺术、宗教等意识形态和人们的风俗习惯、社会心理等。关于社会存在，一般的观点是，社会存在指社会的物质生活过程，其核心是物质资料的生产方式。社会存在最主要的形式是经济基础与上层建筑。经济基础是社会发展到一定阶段的社会经济制度，即社会生产关系的总和。上层建筑指建立在经济基础之上的政治、法律、宗教、艺术、哲学等观点，以及适应这些观点的政治、法律等制度。这是我国学界对社会意识和社会存在的基本认识。

这一认识意味着，在社会被分为社会意识和社会存在两个层面的前提下，社会存在依然包含着社会意识，至少是部分社会意识。理论上显然是矛盾的。

我们认为，尽管社会意识和社会存在在事实层面上无法分离，但在理论上应该互不包含，社会意识就是纯粹的意识或精神，社会存在就是抽离了社会意识之后剩下的纯粹的物质，否则就会造成理论上的混乱。社会意识作为寄寓、凝结在所有事物或物质形式之中的人类的思维、认知和观念，它不仅反映纯粹的物质性存在，也反映社会意识本身，包括二者的关系，它是对整个人类社会生活所涉及的一切的全部反映。

社会意识分类方法，通常有三种，一是把社会意识分为社会心理和社会意识形式两个层次。社会心理是自发形成的、渗透于日常社会生活之中的、非系统化的社会意识。社会意识形式是专门化、系统化、理论化的社会意识，它主要表现为哲学、宗教、艺术、道德、政治法律思想和自然科学等。二是根据社会意识对经济基础的关系，把社会意识分为意识形态和非意识形态。意识形态是指反映并服务于经济基础的社会意识，是上层建筑的一部分，具体包括政治、法律、道德、艺术、宗教、哲学和大部分社会科学。在阶级社会中，它具有鲜明的阶级性。非意识形态是指反映自然现象和不属于特定经济基础的某些社会现象（主要是生产力）的社会意识形式，是非上层建筑的社会意识。主要包括自然科学、一部分社会科学和思维科学，如语言学、逻辑学、心理学等。它不具有阶级性。三是从主体的角度，把社会意识分为群体意识和个体意识。个体意识是特殊，群体意识是一般。一般存在于特殊之中。所以，在事实上，任何个体意识都包含着社会意识，任何社会意识也都来源于个体意识。个体意识与社会意识的区别，实际上来源于分析视角的不同。当我们从社会意识这个层次寻找各种社会现象的根据时，就属丁文化学视角；从个体意识寻找根据时，就属于心理学视角；而如果从社会存在以及社会意识中寻找根据时，就属于社会学视角。我们可以以前些年发生的清史专家遭人掌掴事件为例加以说明，首先，掌掴他人是个人行为，我们可以从个性、心理特征等角度分析打人者打人的原因，这属于个体心理学的视角；其次，掌掴他人是违法行为，我们可以分析打人者的违法性质和应该承担的法律责任，这属于法学的视角；再次，掌掴他人，是打人者个体意识的表达，但这种个体意识实

际上也是一定规模的社会成员的群体意识的表达。该专家对封建专制帝王
滥加颂扬，几乎把所有的清朝皇帝都描绘成英明大帝，甚至连臭名昭著的
文字狱都要给予肯定。这种无视社会民主意识，无视当代社会的民主追
求，肆意歌颂封建专制统治的言行，必然激起众怒。在这位专家的书极为
畅销的时候，笔者也有接触，粗粗地翻了几页，因极为反感书中的言论而
中断了阅读。当掌掴事件发生后，笔者在感性层面上是畅快的。如果我们
从社会群体意识状况这个层次来分析掌掴事件，就是对掌掴事件的文化
解读。

除了上述分类方法以外，根据社会意识与客观事实的关系，社会意识
可以分为科学意识和人文意识。科学意识是对客观事实的科学认识和真实
描述，人文意识源自纯粹的精神需要和社会利益秩序的主观臆想、假想和
设定。科学意识的内涵不以人的主观意志为转移，而人文意识的内涵可以
以人的主观意志为转移。一般情况下，典型的科学意识是自然科学揭示的
内容，典型的人文意识是宗教艺术所表达的内容，而大多数文化领域，科
学意识和人文意识多有交叉、交融或互渗。不仅如此，即使是典型的、较
为纯粹的科学意识——自然科学也涉及科学精神、科学观念等人文意识，
而典型的、较为纯粹的人文意识——宗教艺术也总要以某些事实或规律作
为想象、假想、臆想的触发点或支撑点，包含着零碎的科学意识在里面。
比如，人生老病死是自然规律，对这一规律的揭示和认知就属于科学意
识。但是人在精神心理上并不想遵循这一规律，总想超越这一规律，所以
从古到今都有人对长生不老孜孜以求，并由此衍生出各种各样的臆想和假
想。这些臆想和假想就属于人文意识。无论这些臆想和假想多么荒诞，但
有一点是可以肯定的：它较为普遍地反映了人类对生命的心理追求。即使
到了今天，很多人虽然不再追求长生不老，但追求健康长寿还是极为普
遍。所以，人文意识带有强烈的主观色彩，甚至完全是主观臆造，并不顾
及事实和规律，甚至与规律背道而驰。人文意识除了源自人类纯粹的精神
需要，还源自社会的利益结构和秩序。社会的利益结构和秩序安排，不是
自然规律使然，而是人类自己的主观设定，多数情况下是社会强势集团的
主观设定，它是以强势集团的意志为转移的，这种主观设定或设想，毫无

疑问属于人文意识范畴。总之，科学意识，人只能如此认知或发现，不可以创造，人真正能创造的是人文意识。所谓科学是没有国界的，就是因为科学道理是同一的，族群之间在科学道理上是不能相互抵触的。人文意识则不然。人文意识不仅是色彩斑斓、绚丽多姿的，而且族群之间的人文意识常常各行其是，甚至互有抵触。从这一意义上讲，真正的文化是人文意识，而不是科学意识。把科学意识与人文意识区别开来，有利于抓住文化的实质问题，有利于深刻地把握文化的核心和灵魂。

科学技术与人文文化的关系。科学技术是人类对客观物质世界规律的反映和揭示，主体的情感意志介入科研的过程，但不介入结论。即使在科技知识形成的过程中，也要警惕主体的情感意志影响科学的客观结论。人文文化则是对人类社会的自我规定，是人类的自我表征、自我提升、自我约束、自我娱乐。主体的主观情感意志不仅介入人文文化形成的过程，而且进入人文文化的结论。

文化作为意识，大体上可以分为两个部分，一部分是对世界客观真实的描述和说明，完全可以证实证伪，其主要特点是客观性、真理性、真实性，主要表现形式是科学理论、科学知识、科学信息与技术。另一部分是对世界主观臆想的解释、说明和设定，它以主观性极强的宗教信仰、精神理念、伦理观念、社会秩序等为表现形式，以满足人类心理、精神自身的需要或社会利益结构需要为主要目的，其特点是附会性、臆断性、习惯性和任意性，通常情况下，既不能证实，也不能证伪。科学技术等有真假的文化，我们可以称之为客观性文化，宗教艺术等无真假的文化，我们可以称之为主观性文化，实际上就是前文所说的科学意识和人文意识。以交通制度为例，既有完全主观性的规范，比如是靠右走还是靠左走，各国的规定并不相同，很难说哪一种是正确的。这种规则完全是文化在起作用。也有完全客观性的规范，比如特殊天气高速公路的交通管制。可以说，有根有据的社会意识是科学，没根没据的社会意识是文化。

当然，文化的两个部分不是泾渭分明、截然分开的，在两者之间有较大的交叉部分。所以可以具体地分为三种情况：依据客观事实可以证实或证伪；依据公众利益需要可以判明是非；既不能依据客观事实证实或证伪，也不能依据公众利益判明是非。认真研究会发现，在文化的构成中，三种情况的最后一种很特别。它是一种纯粹的臆想和假设，所以，它既不讲道理，又不讲逻辑，也不需要客观事实为依据，没有真假之别，也没有对错之分，无法证实，也无法证伪，它只需要群体认同、信守和践行。但它完全属于人的创造，而非发现，根源于社会利益结构和人类心理结构，而非根源于客观事实和自然规律。

人文文化，或者说，人类的核心文化有两部分组成，一是自我立法部分，一是自我娱乐部分。关于自我立法，我们可以以资源的分配为例加以说明。人类从自然界获得资源，这只是问题的一个方面，如何分配这些资源，这是问题的另一面。基本面都是为了生存和发展，但是为了怎样的生存和发展，为何要如此生存和发展？依据什么精神和原则分配这些资源？这都是人主观设定的。如果说，从自然界获取资源遵循的是合规律性要求，那么，分配资源遵循的往往是合目的性要求。规范文化就是围绕目的性要求展开的。规范性文化就是人为的规定性，就是人为自己立法。当然这种立法是以维护强者的利益为核心的。从国家制度到风俗礼仪都是如此，宗教实质上也是对人类社会生活的一种规范。关于自我娱乐，通常人们重视不够的，至少在宏观上不拥有战略地位。如果按照人类的本性，它是人类精神生活不可或缺的重要方面，也是人类文化起源的重要推动因素。我们回顾人类的历史就会发现，各种艺术活动都是围绕娱乐展开的。娱乐是艺术的本质。人类的一切生活都可以渗入娱乐性文化，包括死亡。娱乐性文化具有更多的柔性。

由规范文化和娱乐文化构成的文化才是核心文化，它具体的表现为价值观念、审美情趣、思维方式、道德情操、宗教信仰、民族性格等。在某种意义上，核心文化才是真正的文化，是文化中的文化，是文化的灵魂。它既以相对独立的形式存在，又渗透在其他各种文化形式之中。

依据文化的不同属性和特征，可以把文化分为四种类型：有真假无是非的文化、有真假有是非的文化、无真假有是非的文化、无真假无是非的文化。第一种属于科学，本质上不属于文化，至少不属于核心文化。第二种是社会学、经济学、历史学等社会科学，处于核心文化的边缘。第三种属于伦理学，处于核心文化的中间层。第四种属于宗教信仰，处于核心文化的中心。除第一种以外，其他三种都属于核心文化，而且越靠后越核心。

核心文化的特征，可以归纳为以下几条：

第一，核心文化具有强烈的主观任意性。文化的本质是人的主观意识，可以说，文化即人心。文化的诞生源自人心，力量源自人心，是非判断源自人心，体认传承依靠人心。这就是民主的精义和依据。民主即众人所主，众心所主，民主就是为了深得众人之心。所有这些都体现出核心文化强烈的主观性。如前所述，核心文化不需要有充分的客观事实为依据，不需要遵守严密的逻辑规则，也无法证实无法证伪。所以，从起源上看，核心文化有强烈的主观任意性，经历了"创造"、"约定"和"俗成"的过程，而一旦"俗成"，就会成为普遍的心理观念，成为一种不易变更的力量。比如尊右为上，尽管没有道理，但却主宰着我们的实际生活，这就是我们通常所说的文化传统。核心文化的传承，靠心认知、理解、认同，并践行。"文化传统是不死的民族魂。它产生于民族的历代生活，成长于民族的重复实践，形成为民族的集体意识和集体无意识。简单说来，文化传统就是民族精神。"①

核心文化不仅内涵具有主观任意性，其载体也是任意的。比如石狗，崇拜狗，可以不崇拜真狗，而仅仅崇拜没有生命的石狗。石狗可以是写实的，可以是抽象的，可以是各种非狗的模样，需要什么模样就造出什么模样，完全可以不拘泥于真狗的形象和生活的逻辑。因为石狗仅仅用来表达精神文化，与其他物质不发生实践关系，所以，只要能表达相应的社会意识，可以任意虚构。这与生产工具完全不同，生产工具是要与其他物质发生实践关系的，任意改造生产工具，就会在实践中碰壁。

第二，核心文化是不需要真实的。核心文化不是基于事实，而是触及事实，文化的产生离不开事实，但事实充当的往往是文化的触媒、引

___
① 庞朴：《当代学者自选文库：庞朴卷》，安徽教育出版社1999年版，第45页。

线和催化剂。因为人类的精神需要是具有独立性的，不是始终处于、完全处于对物质需要的依附、配合状态，而且社会越发展，人类精神需要的独立性会越突出。核心文化就是社会意识对社会意识自身的满足，或者说核心文化的根本功能就是满足心理和精神自身，可以不与客观实践活动发生直接关系。只要能满足，可以随意创造，也可以随意选择载体。所以，核心文化往往脱离客观现实和自然规律的羁绊，成为人类天马行空的精神世界。文化与客观现实之间存在四种关系：一是文化滞后，客观现实超前；二是文化超前，客观现实滞后；三是文化与客观现实共时对应，准确、同步地反映客观现实；四是文化永恒超越客观现实，比如基督教描绘的天堂。永恒超越客观现实的文化就是核心文化的核心——最核心的文化。

第三，核心文化一部分有是非之分，另一部分没有是非之分。以社会规范和秩序为表现形态的文化，依据公众利益，可以判断出文化的是非。一部分没有是非。比如信仰文化。龙应台先生在《什么叫文化》一文中指出："农民不吃牛肉，因为对他而言，牛不是家畜禽兽而是一个事业合伙人。渔民在餐桌上不准孩子翻鱼，因为人在吃鱼神在看，他不能冒任何即使只是想像的危险。"接着，她说："这个意义上的文化，我们很难说文化有高或低，厚或薄，好或坏，它是什么就是什么。"①

第四，核心文化的创造不需要严格遵循逻辑规则。牵强附会是核心文化创造的基本法则，创造过程既不一定存在前提，也不一定存在目的，它就是无规则可言的精神自由状态。概言之，文化创造可以不遵守逻辑，可以牵强附会，甚至可以武断和强词夺理。比如，上帝创造世界之前在哪里？不能追问，不能质疑。

第五，核心文化是文化构成中个性最鲜明的部分，或者说是最富有特色的文化。越没有道理，越没有事实依据，越是文化；越是文化，越具有鲜明的个性和人性自为的力量。因为有客观事实依据、符合逻辑的人类意

---

① 龙应台：《文化是什么？》，http://www.douban.com/group/topic/1183243/2006-08-19 10：17：20.［2014-4-8］。

识和认识，很容易趋同，无论古今中外。比如哥白尼的日心说，比如爱因斯坦的相对论等科学认识，不同民族接受这种认识尽管有早有晚，但最终趋同是必然的，说不上是哪一个民族的文化特色。

第六，核心文化的力量不是来自客观事实和自然规律的逻辑力量，而是来自群体无条件地相信、信仰、遵行。核心文化需要的是群体的相信和照办，需要的是认同和践行。而这种践行大多属于仪式性践行。为什么采取仪式性的践行方式呢？因为文化并非客观环境的必然结果，无法从客观世界里获得证明，只能靠仪式性行为来反复体认它的存在。这就是核心文化的本质。神话传说、文学艺术、宗教信仰、制度规范都是文化创造的主要领域，也是最能体现文化本质的形式。

第七，核心文化不完全具有实践性。核心文化与实践的关系有两种情况：一部分文化可以进入实践，如各种社会制度、规范、伦理，都与客观实践密切相关，这部分文化主要用于指导实践，渗入实践；另一部分文化永远不会进入实践，对这部分文化来说，文化就是文化，顶多履行一种仪式，以表明、显现这种文化的存在。各种宗教文化即是如此。

核心文化经不起质疑，所以不能质疑，通常也不允许质疑。质疑很容易出现釜底抽薪式的颠覆，会导致核心文化瘫痪，力量消解。下面这则故事就是一个很好的说明。

1929年，商务印书馆出版的胡适校、顾颉刚等编的《现代初中本国史教科书》被国民政府明令禁止发行。原因是该教科书关于古史的叙述中，不仅没有三皇五帝，而且认为"尧舜揖让的传说，没甚根据"，一部分是流传的神话，另一部分是托古改制的瞎话。作为灌输民族国家意识的历史教科书，很多人觉得，必须追溯超过埃及、希腊、罗马的古老历史，以证明民族的独立与悠久、文明的古老和神圣，否则，人会面对他族望洋兴叹，失去自豪与自信。国民党的理论权威戴季陶认为，否认三皇五帝，会"动摇民族的自信力，必于国家不利"，"中国所以能团结为一体，全由于人民共信自己出于一个祖先"。当时的《醒狮周报》以《一件比蒋桂战争还要重要的事》为题做了报道。报道描述国务会议上的戴季陶"这一天神色仓皇，一手握着这几本教科书，一手抵在桌上，在会议席上大放厥词，认定这两部历史是一种惑世诬民的邪说，足以动摇国本"。①

为什么不能质疑炎黄？因为"每个国家都会为民族自尊和认同构造一个属于自己的历史。"② 可见，核心文化的力量完全源自主观自为。

人类或人类的族群，为什么需要无客观事实依据、无是非之别的文化？

在人类的历史上，有一个极其漫长的时期，人类的科学认知几乎没有或者少得可怜，即使在科学昌明的今天，对大千世界的科学认识也相当有限，科学尚未认知或科学无法认知的范围依然无穷无尽。科学不可能解释人类面临的整个世界和一切问题，现在是，将来也是，过去更是。所以人类一开始就面临着两个深刻的问题，第一要对整个世界做出总的解释，而这种解释不可能得到科学的完全支撑，所以它只能是信仰；第二要有最一般的方法去解释世界，这种最一般的方法就是思维方式。无论人类是否自觉，人类都要回答这两个问题，都在回答这两个问题。这就是所谓的深层文化。

生命短促，祸福难测，人类为了避免心理的撕裂、冲突和焦虑，避免行为进退无据和失当，必须通过臆想对世界做出统一的说明，从而获得精神上的稳定和谐统一，或者某种永恒。文化的核心部分不是客观科学的社会意识，而是主观臆想的社会意识。所以核心文化的中心任务是要进入科学暂时或长期难以涉足的领域，要解决的是科学无法解决的问题，要超越科学的方法和手段，让人的精神意识在无外在约束感觉的状态下自由地奔腾，不着边际，海阔天空，远离事实，有些问题科学无法解释和说明，甚至完全有可能是极端虚假、极端不真实和极端不科学的。而这些不仅是人类的精神需要，也是人类的文化创造。

人是万物之灵，但人永远无法摆脱沉重的肉身，所以，人只能是，且永远是灵与肉的结合体。灵魂的无限性与肉身的有限性，导致灵与肉永远

---

① 葛兆光：《祭罢炎黄祭女娲》，《南方周末》编《大家手笔》，北京工业大学出版社 2011 年版，第 182 页。

② 同上书，第 183 页。

处于紧张的关系之中。换句话说,人要用物质满足人的精神需要,人也要用精神满足物质不足以满足的部分,消除双方的紧张,达到二者的和谐统一,是人类区别于其他动物的根本特征。站在文化的角度,文化既要反映、体现、满足物质要求,也要反映、体现、满足精神自身的要求。而用来满足自身需要的文化才构成核心文化,才是文化的灵魂。宗教信仰作为核心文化,是人类的自我麻醉,也是缓解生存苦难感和绝望感的精神良药,是人类自我救赎的精神手段,具有安抚安神的效果。人,无论任何人,都有无法主宰自己命运的时候,都有陷入脆弱、渺小、无能、绝望的时候,神灵就是虚幻的稻草,只要有这个虚幻的稻草,人就不会沉入黑暗,不会坠入绝望的深渊,就会拒绝死亡而坚强地活着。人要活着,至少要有一丝精神的光亮。这就是人类的信仰和迷信的根源。苦难越多的地方,信仰就越多。

核心文化的功能有三个主要方面:提升物质需要的品质;弥补物质需要的不足和缺陷;维护人的精神性存在。

四 文化学研究对象的思考

基于上述认识,我们认为,文化学研究的重心应该是核心文化,这也是文化学与相关学科的主要区别所在。

凡是科学研究,都离不开事实。文化学也是一样。社会学研究社会事实,文化学研究文化事实。文化创造之初,都面临着多种可能性,多种选择,为文化创造的主观任意性提供了巨大空间。但文化一经创造出来,该文化的创造行为及其结果就是客观存在的事实。所谓文化事实,指的就是既成事实的文化创造行为和既有的文化存在。当我们以文化学的眼光审视事实的时候,都可以把这一事实视为文化事实。但通常我们是把专门的文化创造行为及其结果视为文化事实。文化事实包括文化载体和文化内涵两个层面。有人称文化事实为文化事象,也甚为恰当。

文化研究与文化创造不同。文化创造无须以客观事实为依据,也无须严密的逻辑推理,更无须以科学结论为目的,它只需要按照人精神心理自身的规定性自由展开,随心所欲地想象和发挥,海阔天空甚至穿凿附会。不受事实的羁绊而仅仅以事实为触媒和引线，是文化创造的规律。比如《三国演义》这部小说，就是典型的以历史事实为支撑点的文化创造。但文化创造的结局有两种，也像生物进化一样，要经过人工选择和自然选择，凡是获得群体认同的文化，又未遭到自然因素的毁灭，就可能世代传承，甚至进入核心文化层；凡是遭到群体拒斥的，或者遭到自然因素毁灭的，就可能被历史淘汰，或者被视为文化垃圾。无论是文化的创造还是人工选择，都充满了非理性的感性成分。核心文化之所以更需要人们呵护、信赖、坚守和践行，就是因为它缺乏牢固坚实的客观事实依据，也正是因为人们内心的呵护、信赖、坚守和践行，核心文化才具有深刻的力量。

而文化研究必须以充分的事实为依据，通过严密的逻辑推理，获得真理性的科学认识。文化研究的结论是理性的。

文化学的任务，概而言之，是对文化事象进行文化学视角的解读，是揭示文化创造活动的基本规律。在具体研究中，我们至少要追问这么几个问题，文化事实或文化事象是什么？文化事实或文化事象中，哪些是文化创造（这里的文化指的是核心文化，即人的主观意志决定的、随人的主观意志改变的内容），哪些是历史事实真相（即对历史事实的客观反映）？为什么进行这样的文化创造？如何解释、看待、评价这种文化创造？如何认识人类、族群或个体这种行为？具体而言，我们认为有以下几个层次。

第一，还原文化事实的历史原貌。由于文化载体的多样性和复杂性，同一文化内涵常常被承载在多种媒介上，不同媒介所负载的文化内涵也会有这样或那样的差异，还原文化事实的历史原貌，包括载体形态及其承载的社会意识，是文化研究的基础性工作。

第二，理清哪些是文化创造，哪些是科学认识，透析事实中的文化，揭示文化事实的文化内涵。文化载体所负载的社会意识，有一般意识和核心意识，一般意识是对客观事实的反映，类同于科学上的发现或事实判断，核心意识是脱离客观事实羁绊、充分体现人的主观任意性的思想意识，类同于价值判断和认识。前者是文化反映，后者则是文化创造。所以文化也有一般文化和核心文化之分，一般文化是客观文化，是科学认识，是对客观事实的反映，是历史真相。核心文化是主观文化，核心文化是文化创造，一般文化是事实反映、文化反映，理清文化创造和文化反映，揭示核心文化的内涵是文化研究的核心工作之一。核心文化的事实依据稀薄、隐晦、曲折，似有若无，文化研究要理清哪些是文化创造，即主观任意而为的东西，哪些是历史事实，即对客观历史真相的反映，或者说，文化创造背后的历史真相是什么，从而触摸文化创造的本质。

第三，梳理文化创造的过程。文化是如何创造出来的，经历了怎样的过程，在时空上的演变流转，探讨文化创造的基本规律。

第四，进行文化评价，作出文化学解释。我们今天如何认识、解释、看待、评价这种文化创造，它的本源是什么，在人类的历史发展进程中，它对人类、族群、个体的意义是什么，这是文化研究的核心任务。

文化研究，既要与历史、民族、民系、族群研究联系起来，又要区别开来。首先，人类学、民族学、历史学，以及文化地理学、哲学等人文社会科学，为文化学研究提供了大量的事实和理论依据，但文化学有自己的研究范畴和对象，文化学可以利用上述各个学科的研究成果，但不能把上述各学科的研究成果都挂在文化学的名下，否则就会造成这样的结果：什么都是文化学，什么都不是文化学。

社会活动可以分为物质活动、精神活动以及管理活动，社会意识既有对物质活动、管理活动的反映，也有对精神活动的自身反映，这种反映的低级层次就是社会心理，高级层次为社会意识形式。物质活动、精神活动、社会心理、社会意识这几者是相互制约、相互依赖、相互作用、相互转化的，这种转化的中介就是社会心理。

在文化研究中，文化研究的核心领域是社会意识领域，不是客观物质存在与社会意识的关系领域，更不是客观物质存在领域，尽管不能不涉及这些领域。文化研究的视角是从社会意识领域中寻找社会意识的依据，从观念领域中寻找观念的依据，从文化领域中寻找文化的依据。而当我们以这种视野观照社会意识领域的诸多现象的时候，我们就是在进行文化研究。当我们从各种载体中提取、反思其中的社会意识，并主要在社会意识领域寻求依据时，这种社会意识就是文化，而这种提取、反思、寻求的行为就是研究。

文化学就是人类把社会意识作为独有的一种现象去研究时，产生的一门科学。文化学研究的主要对象是各种载体中的主观意识，包括意识形态和社会意识形式两个层面。文化学的任务是探讨文化产生、演变的规律，意识形态与社会意识形式之间关系的规律，社会意识形式发展、演变的规律。因为文化有文化自身发展的规律，因为文化不仅反映物质存在，还反映自身的存在。

可以这么说，历史学研究在求真，哲学研究在求本（原），文化学研究在求解。

文化学要揭示人类文化的整体结构、特征及其发展演变规律，展现这些文化现象、文化创造背后的共同本质与普遍规律。历史学要揭示的是完全独立于人们的意识之外的人类过往社会的客观存在及其发展过程，并研究历史记载与历史事实是否相符，根本目的是研究事实层面的历史过程是如何演进的，以便从中获得经验和教训。

文化学与历史学的区别是，文化学的研究对象和关注的焦点在精神层面，它是研究社会意识本身的演进及其规律的学问，重点是核心文化的演进及其规律；历史学研究的对象和关注的焦点在事实层面，它研究社会存在的历史过程的演进及其规律的学问。文化研究在于求解，即人类为什么进行这种虚幻的精神创造？历史研究在于求真，即历史的真相是什么？文化研究的任务是揭示、理解和说明社会意识现象，尽管这种理解和说明会涉及事实层面，但事实只是作为发现、探究、解释社会意识的工具。历史研究则相反，历史学把事实视为研究的目的所在，而把精神层面的东西作为工具，即通过这种工具去发现、探究历史真相。文化学是以观念的形式理解观念，历史研究则是以观念的形式揭示历史事实。因为文化创造常常以一定的历史事实为支点和生发点，所以历史学家越来越重视神话传说之类的典型的文化创造，原因即在于此。文化研究也要分清哪些是文化创造，哪些是历史事实，但与历史学者明显的不同在于，历史学者从中打捞历史事实，文化研究者廓清文化本体，研究文化创造的规律，包括文化创造与事实的关系。

文化学和哲学的区别是，文化学把人类现有的文化现象、文化事物、文化活动，包括神话传说、宗教信仰、文学艺术当作文化事实，解释这些事实如何发生，为何发生。哲学是关于世界观的学说，是社会意识形态之一，是社会意识的具体存在和表现形式，哲学研究世界本原，是以追求世界的本源、本质、共性或绝对、终极的形而上者为形式，以认识、改造世界的方法论为研究内容的科学。思维和存在、意识和物质的关系问题是哲学的根本问题，又称哲学的基本问题、哲学的最高问题。哲学研究的是世界的本原，包括精神现象的本原和物质现象的本原，以及精神与物质之间的根本关系。它总是把各学科默认的理所当然的前提作为需要质疑的问题进行研究。比如历史学，历史学的前提是历史记载与历史事实之间具有肯定的关系，即历史记载能反映历史事实，至少能在一定程度上反映历史事实，在历史学看来这是不容质疑的，否则整个历史学大厦就要垮塌，而这正是哲学要质疑的问题。

文化学与文化人类学、民族学、民俗学的区别。文化人类学关注人类一切文化现象，侧重从整体上对人类文化的起源、成长、变迁以及文化的类型、结构、机能进行研究，是从文化的角度解释社会事实，而文化学则是从各种事实中寻找文化。民族学作为人类学的分支，重在比较分析不同的人类族群、种族在各个方面的差异和联系，民俗学只注重研究民间文化的传承，文化学以各种物质形式中凝结的主观意识为研究对象，以解析核心文化为重点，以探索文化自身的发展规律为目的。所以，各学科在文化研究上会有交叉部分，但各自的侧重并不相同，或者说不尽相同。

文化研究近些年来持续走热，经济冲动带来的功利化倾向昭然若揭，在适度范围内也许不是一件坏事，最需要警惕的是，研究者自入文化决定论的迷途。从不同的角度来看，文化的意义就不同。如果找经济发展的原因，文化似乎是决定因素；如果找文化发展的原因，经济似乎是决定因素。实际上，文化与经济是一个循环结构，互相依赖，互相制约，互相促进。同时，无论是经济还是文化，自身也是自身的发展因素。这就是说，尽管经济、文化相互促进，但很难得出一方决定另一方的结论。如果说，文化决定论是打肿脸充胖子，那么，经济决定论的逻辑就是强权即真理，大棒决定一切。而文化研究者容易夸大文化的影响和力量，陷入自说自话的境地。朱学勤先生的《书斋里的革命》一书，对文化决定论进行了极其尖锐、精辟、深刻的批判，值得反复回味。

第二章 雷州半岛族群的演变

任何文化都诞生在一定的时空环境中。其中自然环境是影响文化的第一因素，是地域文化形成的初始物质条件。人类的生产力越落后，自然环境的影响越具有决定意义。钱穆先生在《中国文化史导论·弁言》中指出："各地文化精神之不同，穷其根源，最先还是由于自然环境之分别，而影响其生活方式，再由生活方式影响到文化精神。人类文化，由源头处看，大别不外三型：一游牧文化，二农耕文化，三商业文化。游牧文化发源在高寒的草原地带，农耕文化发源在河流灌溉的平原，商业文化发源在滨海地带以及近海之岛屿。三种自然环境，决定三种生活方式，三种生活方式，形成三种文化型。"①但考察雷州半岛地理环境，经济文化状况，似乎不属于钱穆先生所说的任何一种类型。雷州半岛地处滨海地带，但并未形成独特的商业文化，不在河流灌溉的平原，但粗放型的农耕文化长期占据主导地位。此外，渔猎畜牧也占有一定的比重。雷州文化的这种独特性，首先源于雷州半岛的自然环境的独特性。

雷州半岛是雷州文化生成的地理空间。半岛因古雷州府而得名，主要辖区包括遂溪县、海康县（今雷州市）、徐闻县和湛江市区。因半岛的北界在吴川市黄坡镇至廉江市一线，所以今天的吴川市和廉江市的一部分，也属于半岛范围。历史上廉江、吴川与半岛徐闻、海康、遂溪三县在归属上有分有合，共同归属湛江市以后，相互间的影响进一步加深，其中以雷话为主要方言的地方（如廉江市的河堤、龙湾、横山三镇，新民镇大部及石城、良垌、新华、营仔等镇部分地区，人口约为 30 万；吴川市的兰石、

---

① 钱穆：《中国文化史导言·弁言》，上海三联书店 1988 年版，第 2 页。

王村港、覃巴等镇的部分地区，人口约 8 万）均可视为半岛文化区的一部分。

雷州半岛在北纬 20°14′至 20°44′，东经 109°55′至 110°44′之间，是中国第三大半岛之一，位于广东省西南部，中国大陆最南端，东临南海，西濒北部湾，北依岭南丘陵，南隔琼州海峡与海南岛相望，南北长约 140 公里，东西宽 60—70 公里，面积 8000 多平方公里，是一个相对独立的地理环境单元。因为地处我国大陆南部边陲，东瞰南海北部大片水域，西控北部湾，南与海南岛共扼琼州海峡，历史上一度成为中西交通的枢纽，在国内，更是出入海南岛的门户，也是海南岛的重要依托，地位位置比较重要。

整个半岛地势平缓，西北高、东南低，海拔多在 100 米以下。南部为玄武岩台地，占半岛面积的 43.3%，略呈龟背状，台地上多分布有孤立的火山锥，其中石峁岭最高，海拔 259 米。中西部和北部多为海成阶地，占半岛面积的 26.7%，海拔在 25 米以下。中东部为冲积平原和海积平原，占半岛面积的 17.4%，地形平缓。半岛地表水缺乏，河流短少，成放射状独流入海，其中南渡河最大，长 65 千米，流入雷州湾。雷州青年运河纵贯半岛北部，长 236 千米。半岛三面环海，岸线曲折，港湾众多。连海岛海岸线总长达 1450 公里。港湾主要有湛江港、雷州湾、流沙港、乌石港、安铺港。有些港湾在历史上负有盛名。

雷州半岛地处热带气候区，年平均气温 23℃，1 月平均气温 16℃，7 月平均气温 28℃。年平均降水量 1400—1700 毫米，5—10 月为雨季，9 月为暴雨鼎盛期，有明显的干、湿季之分。常年多风，冬季盛行西北风，夏季盛行东南风，年平均风速 3 米每秒。夏秋季多台风，年平均登陆台风 2—3 个。半岛东侧沿海为不规则半日潮，西侧沿海为规则全日潮。气候条件较易于植物生长，植被茂密，四季常青。夏季高温多雨，雨热同期，有利于水稻等农作物的生长。但降水的季节变化大，年际变化大，空间分配不均，旱涝等气象灾害时有发生，土地肥力损失严重，不利于发展集约型农业生产。历史上雷州半岛风、潮、旱、涝、瘴、寒、虫、地表塌陷等海洋、大气、生物与地质灾害，为患频仍，史不绝书。

地理环境对文化的影响，最初是以一种决定性的因素出现，因为人类在文化水平尤其是生产力水平十分低下的情况下，主要仰赖自然的恩赐。但随着人类生产力水平和文化水平的提高，人类越来越依赖自身的创造能力，自然环境的作用越来越间接化。雷州半岛的自然地理条件，最初对雷州文化的影响也是极为深刻的。雷州文化之所以长期处于落后状态，一方面因为远离比较发达的中原王朝，开发时间相对较晚；另一方面自然环境中存在的灾害性因素，如暑热瘴气等，以不同的形式制约着文化的积累和发展。据专家测定，遂溪鲤鱼墩遗址的八个墓葬中的初民，死亡年龄基本上都在 30 岁左右。这显然不是个体的体质问题，而是环境对所有个体生存时限的规定。对于主要依靠直接经验积累文化的人类早期社会，受自然环境的影响而过早的死亡，对文化积累显然不利。这只是影响文化的一种方式或一个因素。诸如此类的因素是很多的。再比如，雷州半岛因为处于热带地区，草虫害对农业生产的影响，远较中原地区严重，是当时的初民不易克服的困难。雷州半岛长期被称为"蛮荒之地"、"瘴疠之乡"，跟上述因素密切相关。但经过一代又一代原居民和移民的开发，这里不仅成了天南重地，而且形成了独特的地域文化，成为岭南甚至全国的一个个性鲜明的文化区。我们称之为雷州半岛文化区，简称半岛文化区。

文化是一幕幕历史活剧，雷州半岛就是雷州文化上演的舞台。而演出这一幕幕活剧的主体就是生活在雷州半岛的居民。由于多种因素，他们的面貌模糊而又复杂。尤其是唐宋以前，由于文献资料有限，考古资料匮乏，几乎只能依靠大区域的宏观材料或其他地区的材料进行推断，直到唐宋之后，福建移民成为雷州半岛居民的主体，面貌才日渐清晰。所以，这里仅就唐宋以前雷州半岛族群情况做一点分析。

雷州半岛在历史上长期处于一个特殊的位置，即在政治上、经济上、文化上，以及族群关系上，处于"交界之地"，或者说"边缘地区"。如后来的"交广之际"。这种远离中心的"交界"和"边缘"，造成的结果是，雷州半岛政治、经济、文化、族群面貌，长期处于复杂或落后的状态。其中最复杂的问题就是族群关系。

一 远古至秦汉时期的古越人

新石器时代雷州半岛就开始有人类生活,他们是雷州半岛最早的居民,是雷州文化的最早创建者。

根据考古资料,雷州半岛从北到南都有人类生活,距今年代最远的是遂溪鲤鱼墩人,他们生活在距今约七八千年的远古时代,是雷州半岛最早有人类居住的地方,被学者们称为"雷州半岛第一村"。在半岛中部的海康县(今雷州市)、徐闻县都发现了新石器时代的遗址,距今约四五千年。新石器时代生活在雷州半岛的原始人群,我们可以称他们为古越人。

雷州半岛的文化历史就从这里开始。

但存在的问题是,雷州半岛发现的史前文化遗存均属于新石器时代,那么,雷州半岛新石器时代的先民从何而来?他们的祖先在旧石器时代生活在哪里?人类社会的演化,在最初阶段极其缓慢,时间极其漫长,雷州半岛的先民不可能在从猿到人的演变过程中,越过数十万年甚至上百万年的旧石器时代,直接进入新石器时代,他们的祖先肯定要经过漫长的旧石器时代。而雷州半岛至今没有发现新石器时代早期的文化遗址,更没有发现旧石器时代的文化遗址,这就意味着,最早生活在雷州半岛的先民们,是进入雷州半岛的第一批移民,他们旧石器时代的祖先生活在别的地方。我们仔细分析雷州半岛新石器时代文化遗址的分布图会发现,这些遗址基本上分布在雷州半岛中轴线以西的地区,由北向南,遗址距今的时间也在不断缩短,从遂溪鲤鱼墩遗址的七八千年,到雷州市英楼岭等遗址的四五千年,再到徐闻华丰岭遗址的三四千年,似乎在给我们提供某种线索。有研究者发现,鲤鱼墩先民主要以海生类资源为食,陆生资源(包括可能的块茎类原始农业和动物)只占次要地位;但到雷州市境内,10多处遗址基本上为山岗遗址,只有北和镇南黄遗址为贝丘遗址,因为该处遗址属于新石器时代至秦汉的遗址,贝类又以珍珠贝壳居多,这些贝壳是史前的遗物还是秦汉的遗物,未见考古专家鉴定,不敢妄猜。但从珍珠贝居多来看,似乎不是史前人类作为食物来源采集来的,而是秦汉人作为珍珠来源采集来的。所以,大致可以推断,在今雷州市境内各处遗址生活的先民主要是以陆生资源为食的，距离海岸也较鲤鱼墩为远，显示出一种比靠近海岸捡拾贝类为生更高的生产力水平，与人类发展的步骤相吻合。这些现象同样在暗示某种线索的存在。从各个遗址器物的形制和组合来看，基本都是石斧、石锛、石网坠、敲砸器、穿孔石器和夹砂陶器等，石器共同的特征是双肩、平肩，少量的为斜肩，夹沙陶器纹色为叶脉纹、编织纹等，胎质软，火候低，显示出某种共同性、连续性。根据上述分析，可以得出下面的结论：最早生活在雷州半岛的先民来自共同的祖先，他们沿渤海湾迁徙而来，像细胞分裂一样，最初的群体不断分裂出新的群体，新的群体不断向半岛南端迁移。当然，这并非我们的新发现，我们只是提供了一些新的旁证。实际上早就有人对鲤鱼墩文化遗址与广西顶蛳山遗址进行过比较研究，发现它们是具有密切联系的文化遗存，当属于同一文化系统。对此，我们是认同的。

2008年6月13日的《文汇报》曾经报道，由复旦大学现代人类学教育部重点实验室与台湾慈济大学、印尼艾克曼分子生物学研究所、越南顺化医学院、广西医科大学等合作完成的一项科研成果证实：遍及两大洋的南岛居民，直接源于中国大陆的百越民族。

在殖民时代之前，南岛民族是世界上分布最广泛的族群，其范围西至非洲的马达加斯加岛，东至南美智利的复活节岛，南至新西兰，北至我国台湾岛，几乎遍及太平洋和印度洋。该项研究通过对南岛多个民族的Y染色体的分析，发现南岛民族起源于大约三万年前的中国广东沿海。大约两万年前，台湾族群的祖先开始从广东沿海通过当时还露出海面的台湾地峡向台湾迁徙。大约一万年前，马来族群的祖先离开北部湾的广东沿岸，沿着越南的海岸向南迁徙，一直到达马来半岛和印度尼西亚。大约3000年前，印度尼西亚的马来族群开始向太平洋和印度洋的深处探索，到达了夏威夷岛、复活节岛、新西兰和马达加斯加。

这项成果可以有力地佐证雷州半岛初民由北向南迁徙的历史事实，因为雷州初民与马来族群的祖先同属于百越，最终目的地不同，但迁徙时间和迁徙方向大体一致，应该属于同一次百越南迁潮。但是这项成果依然解决不了雷州半岛初民的祖先源于何处的问题。在此，我们也只好将这一问题悬置。

夏商周时期，中原王朝对岭南的文献记载极为简陋，当然更不可能直接提及雷州半岛。

先秦文献和铭文中，作为百越之地的岭南通常冠以"南夷"、"南蛮"、"南瓯"、"南国"、"交趾"、"于越"、"蛮越"、"南越"、"夷越"、"扬越"、"百越"，泛称东南和南方蛮族。

在雷州文化历史上，这是一段空白时期，既没有具体的文献资料，也没有相关的考古资料。我们能做的工作，就是根据整个岭南或整个南方的笼统资料，或其他地区的材料，来推断雷州半岛的族属情况。

根据大多数学者的研究结果，这个时期生活在雷州半岛的应该是瓯。但从合浦和徐闻均属古壮语这一事实来看，秦汉之前，在北部湾一带（包括雷州半岛）是壮族的直系先民，就是后来被称为乌浒的人。"在壮语发音中，'瓯'与'乌浒'是同音异字。在书写方面，'乌浒'又写作'乌浦'，乌浦又写作'合浦'。"[1] 同时，古地名研究专家梁模认为，徐闻古为壮人的集居地，"按壮语，'徐'的音应作壮语的'村'解，'闻'即汶字音（今两广的广大地方仍称泉水为汶水），所以徐闻意有汶水的村，或简称汶村。"[2] 此后，有研究者结合徐闻县治的地理实况和民族活动史实，释"徐闻"为壮语的泉水村。两种解释差别不大，而且古合浦郡辖地留下了大量的古壮语地名。这些材料表明，先秦在北部湾一带包括雷州半岛生活的主要族群是壮族人的直系先祖瓯。汉初赵佗称之为"西瓯"。

赵佗《报汉文帝书》中说："南方卑湿，蛮夷中，西有西瓯，其众半裸，南面称王；东有闽粤，其众数千人，亦称王。"这是西瓯一名见于史籍之始。赵佗非常明确地说，岭南西部生活的是瓯，没有提及骆越，如果骆越与西瓯是两个部族，赵佗不会随便将其漏掉。赵佗生活在番禺，所以很自然地称位于番禺以西的瓯是西瓯，位于番禺以东的瓯是东瓯。或者，

---

① 合浦县人民政府、北海市地方志办公室：《北海合浦海上丝绸之路史》，广西人民出版社2008年版，第8页。

② 梁模：《广东壮语地名初探》，《地名工作通讯》1987年第37期。

称西瓯是与闽浙一带的东瓯相对而言的。无论是西瓯还是东瓯,在赵佗眼里都是瓯。瓯与骆应该是同族而异名。"骆"在古越语里是"鸟",骆越可能是崇拜鸟的部落,或者以鸟为图腾的部落。有人说,看骆越人因为有骆田,所以称越南北部的瓯又称为骆越,以示与一般瓯的区别。按照历史发展的一般顺序,图腾崇拜远早于原始农业的农田耕作,而且,征诸中外史实,部落名号常常源自图腾崇拜之外。《史记》载:"轩辕乃修德振兵,治五气,艺五种,抚万民,度四方,教熊、罴、貔貅、貙、虎,以与炎帝战于阪泉之野,三战,然后得其志。"所谓的"熊、罴、貔貅、貙、虎",就是以这些动物为图腾的氏族部落,这已经是学界的共识。恩格斯在《家庭、私有制和国家起源》一文中则提到美国著名的人类学家摩尔根的发现,即印第安塞奈卡部落八个氏族,分别以狼、熊、龟、海狸、鹿、鹬、苍鹭、鹰八种动物为氏族之名。所以,所谓"骆田",应源于"骆越"族名,而非相反。《汉书·循吏传》载:"(合浦)郡不产谷实,而海出珠宝,与交趾比境,常通商贩,贸籴粮食。先时宰守并多贪秽,诡人采求,不知纪极,珠遂渐徙于交趾郡界。于是行旅不至,人物无资,贫者饿死于道。(孟)尝到官,革易前敝,求民病利。曾未逾岁,去珠复还,百姓皆反其业,商货流通,称为神明。"① 这说明,西瓯所在的合浦郡等地产珠宝,不产粮,骆越所在的交趾地区则产粮,西瓯要从邻近的骆越"贸籴粮食"。这就是西瓯和骆越的区别所在,正是因为有骆田产粮,才叫骆越,其实都是瓯或越。所以有时称骆越,有时称瓯越,有时称瓯骆,有时称瓯,有时称骆民,有时称西瓯。而文献所载的习俗也大体相同。其中鼻饮和食人作为民俗特征最为突出。《墨子·鲁问》曾载:"楚之南有啖人之国者,其国之长子生,则解而食之,谓宜弟,美则以遗其君,君喜则赏其父。"又《墨子·节葬》载:"越东沬之国,其长子生,则解而食之,谓宜弟。"

如果说,骆越、南越、西瓯存在生活地域上的区别,那么,处于三者交汇之地的雷州半岛,就难有归属,从后来秦汉政区设置上,可以归属骆

---

① (南朝宋)范晔:《后汉书》卷76《循吏传》,中华书局1965年版,第2473页。

越，也可以归属西瓯。在雷州半岛生活的部族，到底是西瓯还是骆越，学者们意见不一，鉴于雷州半岛"边缘"和"交界"的地理位置，不排除这两个部族同时在这里生活，甚至还有其他族群的成员在这里生活。《壮族图腾考》则非常明确地指出："今广西南部，即贵港、玉林以及广东的茂名、信宜、雷州半岛、海南省等则是西瓯、骆越的杂居地。"①

二　东汉至隋唐时期的乌浒、俚、僚人

汉魏晋时期的文献记载，多称雷州半岛一带生活的部族为乌浒人。

《汉书·地理志》所记："今之苍梧、郁林、合浦、交趾、九真、南海、日南，皆粤分支也。其君禹后，帝少康之庶子云。封于会稽，文身断发，以避蛟龙之害。"

宋乐史《太平寰宇记》卷166引东汉杨孚《异物志》："乌浒，南蛮之别名，巢居鼻饮，射翠取毛，割蚌求珠为业。"

三国吴人万震《南州异物志》载："交广之界，民曰乌浒，东界在广州之南、交州之北。恒出道间，伺候二州行旅，有单辈者，辄出击之，利得人食之，不贪其财货也。地有棘竹，厚十馀寸，破以作弓，长四尺馀，名狐弩。削竹为矢，以铜为镞，长八寸，以射急疾，不凡用也。地有毒药，以傅矢金，入则挞皮，视未见疮，顾盼之间，肌肉便皆坏烂，须臾而死。寻问此药，云取虫诸有毒螫者，合着管中曝之，既烂，因取其汁，日煎之。如射肉，在其内地则裂，外则不复裂也。乌浒人便以肉为俎，又取其髑髅，破之以饮酒也。其伺候行人小有失辈，出射之，若人无救者，便止以火燔燎食之；若人有伴相救，不容得食，力不能尽相担去者，便断取手足以去。尤以人手足掌为珍异，以饴长老。出得人归家，合聚邻里，悬死人中当，四面向坐，击铜鼓歌舞饮酒，稍就割食之。春月方田，尤好出索人，贪得之，以祭田神也。"

宋李昉《太平御览》卷786《四夷部七·乌浒篇》引晋裴渊《广州记》："晋兴有乌浒人，以鼻饮水，口中进啖如故。"

---

① 邱振生：《壮族图腾考》，广西教育出版社1996年版，第23页。

刘宋范晔《后汉书·南蛮传》载："《礼记》称'南方曰蛮，雕题交趾'。其俗男女同川而浴，故曰交趾。其西有啖人国，生首子辄解而食之，谓之宜弟。味旨，则以遗其君，君喜而赏其父。取妻美，则让其兄。今乌浒人是也。"范晔在文中称"今"，当指刘宋时期。可见"乌浒"这种称呼一直延续到南朝。乌浒人的鼻饮和食人风俗，屡见记载。

但同时期的文献中，又多次出现"俚"指称这一带生活的部族。

《后汉书·南蛮传》载："建武十二年，九真徼外蛮里张游，率种人慕化内属，封为归汉里君。"建武十二年即公元 36 年。后来又写作"俚"。但为何称为"里"或"俚"，尚未见到合理的解释。

笔者怀疑，"里"与贯穿中国历史数千年的社会基层组织"里"有关。《逸周书·尝麦》："乃命百姓遂享于家，无思民疾，供百享，归祭闾率、里君，以为之资野。"朱右曾校释："闾率、里君，《周礼》谓之闾胥，里宰。"《管子·小匡》："择其贤民，使为里君。"

里君即里正，又称里尹、里宰、里有司等，是中国基层社会的一里之长。

最早春秋时，已有里正一职，负责掌管户口、赋役之事。《论语·里仁》："里仁为美，择不处仁，焉得知"。《公羊传·宣公十五年》何休注："一里八十户……其有辩护伉健者，为里正。"秦、汉两朝沿用之。班固著《汉书·百官公卿表》叙述县以下的地方职官说："大率十里一亭，亭有长。十亭一乡，乡有三老、有秩、啬夫、游徼。"《续汉书·百官志》有"一里百家"，"积里为亭，积亭为乡"，"以县统乡，以乡统里"之说。唐朝亦有里正一职，以百户为一里，五里为一乡，每里置里正一人。杜甫《兵车行》云："去时里正与裹头，归来头白还戍边。"宋初以里正与户长、乡书手共同督税，再以里正为衙前，故又称"里正衙前"。明代改名里长，并以一百一十户为一里。

因为西汉末东汉初九真等地汉化程度已经很高，两汉时期派往越南的地方官吏都是仿照中原社会制度，整顿社会秩序，移风易俗。最著名的是两个太守，一个是西汉平帝时交趾太守锡光，他"教导民夷，渐以礼义"；另一个是东汉初九真太守任延。史称"岭南华风，始于二守"。《后汉书·

循吏列传·任延》载，任延在光武帝建武初年，被诏征为九真太守，当时
"九真俗以射猎为业，不知牛耕，民常告籴交阯，每致困乏。延乃令铸作
田器，教之垦辟。田畴岁岁开广，百姓充给。又骆越之民无嫁娶礼法，各
因淫好，无适对匹，不识父子之性，夫妇之道。延乃移书属县，各使男年
二十至五十，女年十五至四十，皆以年齿相配。其贫无礼娉，令长吏以下
各省奉禄以赈助之。同时相娶者二千余人。是岁风雨顺节，谷稼丰衍。其
产子者，始知种姓。"任延在九真郡做了四年太守，颇多作为，在行政管
理上，可以推断，推行了里正制度，对基层社会进行了有效管理，九真郡
经济文化才发生如此巨大的变化，以致"九真吏人生为立祠"。

在慕化内属以前，张游就可能有"里君"、"里正"的身份，或者类似
这样的身份，《后汉书》记载中有可能在"九真徼外蛮里张游"这句话的
"里"字后面漏掉了"君"。这是一种情况。另一种情况是，张游内属所率
的有上百户人家，即一里，影响较大，以致获封，从而由原来的类似于里
君的身份，变成被封的"归汉里君"。这也是所谓的"入夷则夷入夏则
夏"，"夷狄进于中国则中国之，中国退于夷狄则夷狄之"。张游被封为
"归汉里君"会产生一定的影响，可能带动更多的人归化甚至内迁。内属
归内属，蛮族还是蛮族，蛮族身份无法脱掉，所以文献记载还是"蛮里"、
"蛮俚"，甚至是"蛮狸"，因为受封产生的影响，"里"、"俚"就成了
"蛮"的代名词，指称这一带的南蛮。

东汉班固《汉书·马援传》载：建武十六年（公元40年），"交阯女
子征侧及女弟征贰反，攻没其郡，九真、日南、合浦蛮俚皆应之，寇略岭
外六十余城，侧自立为王。"其中"蛮俚"有的版本为"蛮夷"。《资治通
鉴·卷四十三·汉纪三十五》述此事时用的是"蛮俚"两个字。

俚人是岭南原生民族还是中原南迁的民族尚有争议。据蒙文通先生的
考证，东汉时期，中南半岛上扶南、林邑崛起后，导致了俚人的北迁，[①]
但为什么称为"俚"人，未见令人信服的解释。

何光岳认为，俚人、里人、雷人是羌族的一支，他们随黄帝从甘肃东

---

① 蒙文通：《越史丛考》，人民出版社1983年版，第49—57页。

迁至黄河中下游，到商时，由于遭到商的征讨，分东西两路南迁。东路在商灭夏后，迁往安徽、江浙等地，融入越族；西路雷人在商末从河南濮阳一带南迁，汉代时，已迁至湖南、贵州、两广和越南北部一带，与苗、瑶、巴、僚、濮、越及汉人杂居。自汉至唐宋时，有一部分俚人从雷州半岛陆续南迁至海南岛，成为黎族的一支，称为加茂黎。① 这种"北来说"尚未得到考古资料的有力佐证。而且按照这种解释，西支俚人迟至商末才从中原南迁，为什么文化上显示出落后状态？为什么没有文字出现？都是目前难以回答的问题。

无论是岭南原生，还是中原迁来，三国两晋南北朝时期，俚人已遍布粤西地区，文献是有明确记载的。三国吴人万震《南州异物志》又载："广州南有贼曰俚，此贼在广州之南，苍梧、郁林、合浦、宁浦、高凉五郡中央，地方数千里。"晋张华《博物志》载："交州夷名俚子。"

比较而言，"岭南原生说"更为可信。我们认为，"俚"源自越南，东汉初俚人开始北迁，东汉中后期北迁越来越多，以致魏晋南北朝时期，尤其是南朝至隋，粤西成为俚人的天下，并且涌现出了冼夫人这样的杰出领袖人物。

唐末宋初，"俚"逐渐消失，取而代之的是"僚"。

"僚的名称，最早约见于西晋陈寿（233—297年）所撰的《益都耆老传》。"② 在《三国志·蜀书·张嶷传》中，裴松之注曰："（诸葛亮）平南事讫，牂牁、举古僚种复反"。西晋张华《博物志》也说："荆州极西南界至蜀，诸民曰僚子。"有学者考证，"僚"、"佬"、"骆"同音，只是写法不同。这意味着僚源自骆。从僚的习俗与骆越的习俗看，也具有同一性。和俚相比，僚是粤西的原居民。而其共同的先祖是瓯越。俚主要生活在越南北部、粤西地区，僚主要生活在粤西以西以北地区。北齐魏收《魏书》卷一〇一："僚者，盖南蛮之别种，自汉中达于邛、笮、川洞之间，所在皆有……其口嚼食并鼻饮。"

---

① 何光岳：《南蛮源流史》，江西教育出版社1988年版，第335—352页。

② 合浦县人民政府、北海市地方志办公室：《北海合浦海上丝绸之路史》，广西人民出版社2008年版，第8页。

雷州半岛所在的粤西实际是他们的交汇之地。

晋时史籍就开始将俚僚并称。晋裴渊《广州记》载:"俚獠贵铜鼓,惟高大为贵,面阔丈馀,方以为奇。初成,县於庭,克晨置酒,招致同类,来者盈门。其中豪富子女,以金银为大叉,执以叩鼓,竟留遗主人,名为铜鼓钗。风俗好杀,多构仇怨。欲相攻击,鸣此鼓集众,到者如云。有是鼓者,极为豪强。"有学者据此认为俚僚本为一个族系,与汉族逐步融合者为俚,不融合者为獠。

赵逵夫先生认为,《淮南子·本经》所说的"凿齿"就是凿齿民,为僚人。"凿齿民是古越氏,为僚人之先民。"最早生活在今山东一带,是大汶口文化的创造者之一。作为大汶口文化延续的龙山文化向南扩散,"也正反映了凿齿民的扩散与迁徙"。[①] 按照这一观点,在晋时,已迁至西南地区。晋代张华《博物志》卷二说:"荆州极西南界至蜀,诸民曰僚子,……既长,皆拔去上齿牙各一,以为身饰。"但迁徙过程还缺乏足够的考古资料佐证,更没有相关资料表明他们迁入了雷州半岛。在此聊备一说。

唐宋时期,中原汉人和闽潮人大量迁居雷州半岛,以冼夫人为典型代表的少数民族贵族,经过上千年的民族融合,汉化程度已很深,在汉族居民成为雷州半岛的主体族群的过程中,原有部族一部分彻底汉化,未汉化的一部分族人迁徙广西和海南。原有文化一部分被接受,一部分被改造,一部分被抛弃,或被原有部族带走。以福建移民为主体的汉民在雷州半岛逐步建立起了以忠孝为核心的封建文化,其中塑建的第一个忠孝文化的完美典型就是陈文玉。

---

① 赵逵夫:《古典文献论丛》,中华书局 2003 年版,第 432—433 页。

第三章 雷州文化的先秦时代与徐闻时代

　　远古的雷州半岛地属蛮荒，最早在这里生活过的部族被称为古瓯越人，此后又有俚、僚、苗、瑶、壮、侗、汉等部族生活在雷州半岛。在某种意义上，雷州半岛就是南方的民族走廊。在漫长的历史上，这些部族迁徙进来，又迁徙出去。所以，雷州文化是多个族群共同创造的，是多元文化交融形成的独特的地域文化体系。它经历了这样一个过程：萌芽、成长、形成，并走向成熟、转型，继而为新质文化涵纳，时间上大体对应前文所说的新石器时代、徐闻时代、海康时代、遂溪时代和湛江时代。

　　徐闻时代，大体上在秦汉南北朝时期，是雷州文化的成长期，也是中原封建文化的导入期。这个时期的徐闻，军事上是控制海南岛的后方基地，经济上是丝绸之路的始发港，政治上是雷州半岛设置最早的县，也是岭南最早设置的县之一，管辖整个雷州半岛，而且在很长一段时间内是郡治所在地。来自中原的汉人最初的聚集地就在徐闻。汉代港口遗址和汉墓群成为徐闻时代最有力的历史见证。

　　海康时代，大体上在唐宋元明清时期，是雷州文化形成和成熟的时期，从唐代改东合州为雷州以后，海康基本上都是治所所在地，同时是雷州半岛的经济文化中心，也是中原移民这一阶段的聚集地，尤其是被贬官员所在地。雷城话成为最标准的雷州方言，众多历史人物在海康涌现，成为雷州半岛文化成熟的重要标志。

　　遂溪时代以及湛江时代，大体上在清中期之后，对应雷州文化的转型期，遂溪境内的赤坎古港是近代资本主义性质的商业极度繁荣之地，也是移民最后的聚集地，并成为这一时期雷州半岛经济文化的代表。遂溪时代时间较短，这个时代开始不久，就为法国的殖民统治打断，抗战胜利后，赤坎归入湛江市区，湛江市区成为雷州半岛的政治经济文化中心，可以说，雷州半岛进入了一个新的时代，即湛江时代，并一直持续到今天。但遂溪时代是雷州半岛资本主义文化的出现和发展的重要时期，因此在雷州文化中占有重要地位，具有重要意义。

下面我们以上述几个时代为线索，梳理雷州文化发展演变的历程。

一 先秦时代——雷州文化的第一页

史前文化是雷州文化积层中最早的文化层，是雷州文化的第一页。

根据考古资料，雷州半岛发现新石器时代遗址 20 余处。年代最早的鲤鱼墩贝丘遗址，在半岛北部的遂溪县，距今约七八千年，出土文物有食用过和未食用过的各种贝壳，夹砂陶器碎片，敲砸器石锤、石砧，小型的磨光和穿孔石器，陶纺轮及牛、鹿等野生动物的骨和角，磨制成环形的鱼脊椎骨、贝壳等饰物，房子 2 座，屈肢墓葬 8 个。鲤鱼墩遗址是雷州半岛最早有人类居住的地方，被学者们称为"雷州半岛第一村"。在半岛中部的海康县（今雷州市），已发现的新石器时期的遗址最多，有覃太岭、英楼岭、英良、英典北岭、兰园岭、那里岭、马留岭、石狗坡、殿山、火炭坡、盐庭、双髻岭、卜袍岭、牛头岭等 10 多处山岗遗址和贝丘遗址。出土文物有石犁、石斧、石锛、石网坠、敲砸器、穿孔石器等磨光石器，还有砺石、夹沙陶片等 1000 多件。这些遗址距今时间约五千年。在半岛南部的徐闻县，也发现了新石器时代的遗址，最有名的是华丰岭山岗遗址，出土文物有双肩石斧、石锛石凿、敲砸器、穿孔石器等 80 多件，同时采集到灰褐色或灰色素面夹沙陶釜（残）多件。经省文物专家鉴定此处为大型的新石器时期生活遗址，距今约三千至四千年。

文化是人类意识的外化，有人类就有意识，意识必然外化，外化的意识就是文化。"大约在 1 万年前至 6000 年前，中华大地的先民们逐渐跨入了一个新的文化时代——新石器时代。这是中华文明的真正源头，因为真正具有民族性的文化积累是从这个时代开始的。"[1] 雷州半岛文化的积累恰

---

① 伍雄武：《中华民族的形成与凝聚新论》，云南人民出版社 2000 年版，第 23 页。

巧就是从新石器时代开始的。

　　遗址和器物只是文化的载体，载体中凝结的文化，则需要我们去挖掘。如果说，文物的发掘是第一次考古，那么，文化的解读就是第二次考古。大多数文化研究者进行的所谓文化研究，第一个层面罗列甚多，第二个层面则语焉不详。我们想做的不是罗列文物，而是文化解读。当然，载体越原始，解读越困难。所以存疑也是难以避免的。在我们看来，雷州半岛史前遗址至少凝结着、承载着以下的文化内涵。

　　第一，遗址告诉我们，他们倾向于定居，但是合则留，不合则走，迁徙也是他们正常的生活方式和生活状态。史前人类不仅有的是时间，也有的是空间。在大迁徙中选择定居，当定居受到某种压迫时，继续迁徙。他们可能随时都在寻找更适于生活的地方，他们没有太多的牵累，也少有阻碍他们行动的敌对力量。从整个历史来看，各个族群一直处在大迁徙的过程中，向东和向南迁徙是我国各民族迁徙的基本方向。

　　第二，在远古时代，获得食物对初民来说并不困难，或者说，他们没有感觉到获得食物的困难，他们有大量的时间，他们把这些时间耗费在工具上，磨光造型，精益求精，甚至体现出一种艺术追求。事实上，他们完全可以因陋就简，进行简单的敲击制作。但是，他们选择了精益求精。有选择就有文化。在工具制作上精益求精，就是他们的观念和追求，就是他们的文化。

　　第三，他们有独立的精神文化生活领域。事实上，人类一开始就有独立的文化生活，只是因为载体完全依赖人的行为本身，而无法流传后世。史前的人类不仅食物充足，自然环境也没有我们想象的恶劣。在雷州半岛，有茂密的森林，有漫长的海岸，有丰富的食物来源，猛兽袭击人群并不经常发生，或者极少发生，因为猛兽也有丰富的食物来源，而且袭击人群的风险极高。生活环境足以维持初民们简单、安定、低水平的生活。他们的生活远比现代人悠闲。所以，他们不仅耗费大量的时间磨制石器，烧制陶器，他们还把石器、陶器作为文化的载体，进行文化创造。他们在陶器上绘制精美复杂的纹色，比如生活在英楼岭山岗的先民，在夹沙陶器上绘制夔纹、叶脉纹、圆圈纹、复线交叉纹、编织纹、米字纹等，花样繁多，线条优美，这些与实用没有任何关联的纹线，表达的是雷州半岛先民们美的观念和对美的追求，反映的是一种具有独立意义的精神生活。与此同时，他们还创造了专门的文化载体，如各遗址普遍出现的石环，鲤鱼墩出土的贝壳饰品，英楼岭山岗出土的云雷纹卵石饰品，都是专门的艺术载体或艺术品，凝结着初民的情感以及对美的理解和追求。用我们今天的眼光看，初民在生产力水平十分低下的情况下，还把大量的时间花费在审美上，也许有点不可思议。事实上没什么不可思议的，艺术源自消磨时光的积极行为，是闲极无聊没事找事的产物。至少在人类社会之初是如此。

第四，雷州半岛的初民们是否具有万物有灵的观念，缺少有力的证据链条，但对死亡有着认真的思考，是毫无疑问的。在有墓葬发现的鲤鱼墩遗址，墓葬的修制十分讲究。发掘出的八座墓葬显示，墓葬的基本方式是：长方形的土坑，人类食过和未食过的贝类、鱼骨、贝壳饰品为随葬品。随葬的贝类，每种为一层，均匀铺在墓坑里，食过的铺在墓坑的底部，未食过的铺在食过的之上，饰品混在未食过的贝类中。尸体曲肢平放。"丧葬习俗是人类文化一个侧面的反映。考古材料表明，丧葬源于灵魂观念的产生。大约在 10 多万年前的旧石器时代中期，人类产生万物有灵的原始宗教观念。这时，人们对死的看法便认为是灵魂与肉体的分离，人死了，只是肉体的终结，而死者的灵魂却依然存在。为了抚慰亡魂，使它给活着的人带来好运，世界上各民族根据自己不同的经济生活和所处的地理环境，从各自的宗教信仰出发，采取土葬、水葬、火葬、天葬（尸体让鸟兽食尽）、人腹葬（尸体让亲人吃尽）、树葬、风葬、崖葬（包括悬棺葬）等多种丧葬形式处理死者的尸体。"[①] 鲤鱼墩遗址中极为精心细致的埋葬方式，显然是经过"深思熟虑"的，是群体共同的决定和行为结果，直接表达了雷州半岛的初民们"事死如事生"的共同观念，以及人死后有灵的观念。从另一个方面看，也显示了初民生活的从容与宽裕。当然，那是一种低水平的最简单的生活，与今天不可同日而语。

雷州半岛的史前文化是雷州文化最早的文化层，是雷州文化的源头，

---

① 李伯谦：《中国青铜文化结构体系研究》，科学出版社 1998 年版，第 122 页。

是雷州文化的第一页。尽管我们能解读出来的极少，但它的文化地位无可代替。

作为最早的文化层，雷州半岛的史前文化，无论是放在岭南还是全国，均无特色可言。它在考古学、人类学上的意义，可能大于在文化学上的意义。有学者根据最近数十年的材料，认为以几何印纹陶为主要特征的文化遗存，在时间上从4000多年前的新石器时代晚期开始，一直延续到商周秦汉时期，在空间上则遍布于中国东南地区及岭南一带。雷州半岛新石器时代的遗址中未有特异的发现。可见，这个时期雷州半岛社会经济文化发展水平与整个中国南方是一致的。

就目前掌握的材料看，雷州半岛史前文化是孤立的文化层。这个文化层给我们的感觉是，前不见古人，后不见来者。因为我们既不知道雷州半岛初民们最早的祖先生活在哪里，也不知道他们与后来者百越、俚僚有何关联。卵石饰品上的云雷纹，是否与后世的雷崇拜有关，我们也无法判断。因为我们无法解读出卵石上云雷纹的确切文化内涵，所以这种联系只能是表面上的联系，符号形式上的联系，这种联系实际上细若游丝。后世对狗的崇拜遍及整个雷州半岛，但在各遗址中均未有任何相关的蛛丝马迹。史前文化与后世文化之间出现了断层，时间基本上在夏商周时期。如果把旧石器时代的文化阙如，看成是雷州文化的第一个断层，那么，夏商周时期，就是雷州文化的第二个断层。

夏商周时期，中原王朝对岭南的文献记载极为简陋，当然更不可能提及雷州半岛。多数研究者认为，在秦统一前，岭南多数地区已由原始社会进入到奴隶制社会阶段，但还保留着许多原始社会的习俗，如无嫁娶礼法，各因淫好，无适对匹，不识父子之性、夫妇之道。但生活在雷州半岛的初民，他们自己没有留下可供我们解读的任何文字资料，同时这个时期的文化遗存也相当稀少。为什么会出现这种文化上的断层，是什么原因造成的？是族群迁徙变化造成的还是其他原因造成的，尚需研究。

有人综合后世的文献资料，概括百越族的语言为黏著型，不同于汉语的单音成义，故百越语译成汉语时一字常译为两字，如爱为"怜职"，热为"煦虾"。百越族的生活、风俗习惯是：种植水稻；椎髻、著贯头衣、凿齿、鼻饮、断发文身、鸡卜、契臂为盟；多食蛇蛤海产；巢居、干栏式建筑；善使舟及水战；善铸铜鼓；猎头、食人；喜吃槟榔；男女混浴及喜斗鸡；蛙图腾崇拜等。这种综合实际上源自多个族群，而非一个族群。但对雷州半岛可能比较适合，因为雷州半岛的族群相当复杂，现有的文化遗存足以证明，有很多族群曾经在这里生活过，在我们看来，雷州半岛就是南方民族的走廊，他们从这里进入海南岛，或散布到其他地方。

尽管文献资料不足，但我们从后世秦帝国对岭南的诸多重大举措来看，秦汉之前，中原王朝对岭南地区不仅有相当的了解，同时存在经济文化等方面的诸多联系。不然的话，秦帝国不会两次举重兵攻打一个毫不了解、毫无关系的地区。虽然这是推测，但不是没有道理。夏商周时期，雷州半岛的文化和历史，我们只能如此推断。

三　徐闻时代——秦汉三国两晋南北朝——雷州文化的成长

第一次是公元前 214 年，秦始皇统一岭南，设置桂林郡、南海郡、象郡三郡，雷州半岛归属象郡（一说属桂林郡）。雷州半岛开始进入一个新的发展时期。秦帝国经略岭南，移民实边，对雷州半岛产生了哪些具体影响，由于资料所限，我们并不清楚，但民族融合以及与中原的经济文化交流出现了新的局面或新的转机，是没问题的。秦朝末年，中原战乱，南海郡尉赵佗趁机出兵桂林郡、象郡，割据岭南，建立南越国。赵佗建立南越国的一个重要条件是，岭南东西数千里"颇有中国人相辅"。由此可见，秦时迁居岭南包括雷州半岛的中原汉民已不在少数，已经是一支重要的政治力量，也在一定程度上反映了岭南包括雷州半岛民族融合的状况。

而真正对岭南开发产生巨大影响的第一人是赵佗。在统治南越国的八十一年里，赵佗一方面采取"和辑百越"方针，极力安抚越族，尊重越人风俗，"以其故俗治"，在族属意识上本地化，自称"蛮夷大长老"；另一方面，推行郡县制，编制户籍，引进推广中原先进文化和铁器牛耕等生产技术，倡导汉越通婚，促进民族融合。岭南社会形态从原始社会分散的部落，开始逐步向新的社会形态过渡。南越国统治岭南地区近百年，成为岭南文明的奠基时期。《粤记》说："广东之文始尉佗"。赵佗被誉为"岭南开发第一人"。①

　　由于南越国统治的中心在番禺，远离雷州半岛，对雷州半岛的辐射、影响十分有限。很难说此时的雷州半岛已经跨进了文明的门槛。在某种意义上，秦帝国和南越国时期，只是拉开了雷州半岛进入新时期的序幕。雷州半岛真正进入文明阶段还是从汉武帝平南越国，在雷州半岛设置徐闻县之时开始的。

　　汉武帝元鼎五年（公元前112年），伏波将军路博德、楼船将军杨仆，领兵十万人，讨伐南越国吕嘉叛乱，占番禺后向西横扫，并经雷州半岛，一直打到海南岛。公元前110年，路博德平定整个岭南地区。西汉在岭南前后设置了南海、苍梧、郁林、合浦、交趾、九真、日南、儋耳、珠崖九郡，同属交州刺史部，实现了对这一地区的直接统辖。雷州半岛设徐闻县，辖整个雷州半岛，隶属合浦郡，郡治亦设在徐闻县。徐闻不仅是雷州半岛上最早的行政设置，也是中国海上丝绸之路最早的始发港。徐闻成为雷州半岛甚至整个粤西的政治、经济、文化中心。雷州半岛开始正式进入徐闻时代。

　　徐闻县位于中国大陆最南端的雷州半岛上，广东省西南部，与海康、遂溪两县合称"三雷"，是雷州文化的主要发祥地之一。东瞰南海，西濒北部湾，北背负半岛，与雷州市接壤，南隔琼州海峡与海南岛相望，是大陆通往海南岛之咽喉。

　　徐闻建立县制始于汉武帝元鼎六年（公元前111年），北宋初年曾一度废止，南宋孝宗乾道七年复置。自汉武帝元鼎六年建制至南齐武帝永明年间的约600年里，郡县郡治设在境内西南的讨网村。徐闻县三面环海，海岸线长达372公里，岛屿众多，港湾星罗棋布，为海上贸易提供了良好的地理条件。

　　笔者粗略统计，从西汉到隋八百多年里，徐闻作为郡治前后近400年，管辖雷州半岛600多年。从公元前111年，至东汉建武二十年（44年）郡治迁往合浦县，两汉时期徐闻作为郡治达155年。东吴赤乌五年

---

① 陈世旭：《赵佗：岭南开发第一人》，《中国文化报》2013年第3期。

（242 年），徐闻县属珠崖郡，辖雷州半岛和海南岛，郡治、县治均在徐闻讨网村。晋平吴后，太康元年（280 年），废珠崖郡，徐闻属合浦郡。三国两晋时期，徐闻作为郡治至少 39 年。南北朝时期，宋文帝元嘉八年（431 年），复置珠崖郡，徐闻隶之，郡治仍设在徐闻讨网村。宋明帝泰始七年（471 年），珠崖郡并入合浦郡，属越州，县隶之。南北朝时期，徐闻作为郡治 40 年。齐高帝萧道成建元元年（479 年），合浦郡治从合浦移来讨网村，仍属越州。齐武帝永明年间（483—493 年），徐闻县先改名乐康县，后又改为齐康县，并置齐康郡领之，隶于广州，县治、郡治均设在讨网村。梁、陈间，齐康县先后析为齐康置扇沙、椹川、模落、罗阿、雷川六县。隋开皇九年（589 年），改齐康县为隋康县，并隋康县析地始置海康县。此时齐康郡废，隋康县同其他六县均属合州。隋炀帝大业三年（607 年），改合州为合浦郡，隋康县隶之，不久又置徐闻郡，辖隋康、海康、扇沙、铁杷等县（此间模薄、罗阿、雷川县废，入海康县；椹川废，入扇沙县），郡治设在徐闻县讨网村。南北朝时期，徐闻作为郡治 120 年左右。可见徐闻曾经长期处于雷州半岛的政治中心地位。

在军事上，徐闻也有着特殊的地位，徐闻南扼琼州海峡，西控北部湾，是出入海南岛和北部湾的门户，在实现对海南岛、交趾、九真、日南等地区的有效统治方面，具有桥头堡和后方基地的意义。曾经被贬往海南，往还经过徐闻的北宋文学家苏东坡曾说，"四州之人以徐闻为咽喉之地"。尤其是在海南岛土著数年一反的背景下，与海南岛隔海相望的徐闻，军事地位十分突出。《汉书》载："中国贪其珍贿，渐相侵侮，故率数岁一反。""自初为郡，至昭帝始元元年，二十余年间，凡六反叛。至其五年，罢儋耳郡，并属珠崖。至宣帝神爵三年，珠崖三县复反，反后七年，甘露元年，九县反，辄发兵击，定之。元帝初元元年，珠崖又反，发兵击之，诸县更叛，连年不定。"也就是说，从公元前 110 年到公元前 48 年（汉元帝初元元年），60 年的时间，有一定规模的反抗达 9 次之多，规模大者 9 县齐反，有些持续几年都难以平定。这一状况必然凸显徐闻在军事上地位和意义，管辖海南岛等地的珠崖郡郡治之所以一度设在徐闻，也与这一状况密切相关。

东汉建武十六年（公元 40 年），交趾郡雒将之女征侧、征贰聚众反叛。第二年，光武帝刘秀下诏命长沙、合浦、交趾等郡准备车辆船只，修筑道路、桥梁，打通山间溪谷的道路，储备粮食。由此可见，徐闻在保障交趾、九真、日南等地的有效统治以及海上贸易安全方面，具有重要地位。

在经济上，徐闻作为汉代丝绸之路的始发港，对外贸易盛极一时。香港中文大学文化研究所严耕望先生指出："西汉末年合浦兼有今海南岛之地，其时徐闻地当雷州半岛之顶端，地控海岛与大陆之要冲。又据《地志》，其地为海上交通之起点，而《元和志》云：'徐闻县，本汉县名……县南七里与崖州澄迈县对岸，相去约百里，汉置左右候官，在此屯积货物，备其所求，与交易有利'，故谚云'欲拔贫，诣徐闻。'是在汉世徐闻尤为海上交通之枢纽……即交通及军事控制而言，徐闻亦远优于合浦，徙治徐闻，亦理势然也。"[①] 严耕望先生的观点基本上是学界的共识。

徐闻是大陆通向海南岛的门户，又是我国驶往东南亚和印度洋的海船始发港，在当时的雷州半岛甚至整个岭南都是经济比较繁荣的地方之一，在我国经济史上写下了辉煌的一页。《汉书·地理志》载："自日南障塞，徐闻、合浦船行可五月有都元国；又船行可四月有邑卢没国；又船行可二十余日有谌离国；步行可十余日有夫甘都卢国。自夫甘都卢国船行可二月余有黄支国，民俗略与珠崖相类。其州广大，户口多，多异物，自武帝以来皆献见。有译长，属黄门，与应募者俱入海市明珠、璧流离、奇石异物，赍黄金杂缯而往。所至国皆禀食为耦，蛮夷贾船转送致之，亦利交易。剽杀人，又苦逢风波溺死，不者数年来还。大珠至围二寸以下。平帝元始中，王莽辅政，欲耀威德，厚遗黄支王，令遣使献生犀牛。自黄支船行可八月到皮宗，船行可二月到日南、象林界云。黄支之南有已程不国，汉之译使自此还矣。"这段记载极为简陋混乱。但让我们清楚地认识到，当时的航行是危险而艰难。通过考古、考察遗址和文物及多学科的论证，

---

① 王文楚：《古代交通丛考》，中华书局 1996 年版，第 344 页。

专家们一致认为，徐闻是西汉海上丝路始发港之一，其遗址就在徐闻县南山镇（原五里乡）二桥、南湾、仕尾村一带。近年来在汉代古港遗址挖掘出大量汉代物件，包括汉砖、瓦片、万岁瓦当、汉代私印等。自 1962 年以来，考古工作者先后在徐闻县城东南至西南沿海一带发现汉墓 290 多座，遍及 40 多个自然村庄，其中以徐城镇西南 20 公里处的华丰岭为中心的海港、港头、二桥、南山、华丰、新地、把伍等村庄分布较密，有的村庄有数十座。华丰村西南约 600 平方米地段内就有 30 多座。随葬品有釜、罐、瓮、钵、盆、碗等。此后在徐闻县城等地也发现了数十座汉墓，合计发掘汉墓将近三百座。雷州半岛的其他地方，也发现了一些汉墓。在雷州（原海康县）发掘汉墓 11 座，廉江发掘汉墓 9 座，遂溪发掘汉墓 7 座。就目前雷州半岛发现的汉墓而言，其分布同样能说明徐闻在这一时期的中心地位和繁荣景象。

徐闻在政治、军事、交通、经济上的地位，决定了徐闻在文化上的独特地位。首先，徐闻是雷州半岛的文化中心，以器物及与之相联系的活动为载体的文化比较发达。其次，徐闻是内外文化交流枢纽。无论是国内的文化交流还是中外文化交流，徐闻都是雷州半岛的中心。在中外文化交流中，一度处于全国的领先地位。最后，徐闻是中原封建文化最早的导入点，昭示着雷州文化的发展方向。

但是就整个雷州半岛而言，社会经济文化总体上还处于落后状态。这是徐闻时代雷州半岛的一个总体特征。秦统一南方后，置三郡，雷州半岛隶属桂林郡或象郡。至汉，平岭南置九郡，雷州半岛属合浦郡，介于番禺与交趾、海南与岭北之间。因为雷州半岛地处边陲，远离中原，也远离岭南的政治经济中心，山川阻隔，原始森林密布，陆上交通十分不便，中原王朝对岭南多采取"以其故俗治"的统治方略，一般认为，秦汉时期，雷州半岛的瓯越人仍过着相当原始的生活，社会经济文化的发展远远落后于中原地区。《史记·货殖列传》曰："楚越之地，地广人稀，饭稻羹鱼，或火耕而水耨，果隋蠃蛤，不待贾而足，地势饶食，无饥馑之患，以故呰窳偷生，无积聚而多贫。是故江淮以南，无冻饿之人，亦无千金之家。"《汉书·地理志》亦云："楚有江汉川泽山林之饶，江南地广，或火耕水耨，民食鱼稻，以渔猎山伐为业，果蓏蠃蛤，食物常足。故昔靡偷生，而无积聚，饮食还给，不忧冻饿，亦亡千金之家"。这两条材料大体能说明江南地区包括岭南地区的经济状况，农业还很不发达，铁器使用不普遍，生产方式基本上还停留在火耕水耨的粗放阶段，渔猎采集经济还是相当普遍的生产形式。由于地广人稀，又有山林川泽之饶，资源丰裕，简单的生活基本上有保障。发展极度不均衡，也是徐闻时代雷州半岛一个重要特征。总体上的落后，与采珠业、对外贸易相对发达形成鲜明的对比。但由于封建官府的肆意掠夺，或受封建官府主导，采珠业和对外贸易均呈现某种畸形发展状态，未能对当地整体经济的发展产生良性推动。中山大学历史学教授张荣芳先生认为："两汉时期（公元前206—公元220年）是岭南文明迅猛跃进的时期，也是雷州半岛社会经济文化全面发展的时期。汉代的雷州半岛在岭南社会发展史上，乃至中国历史上扮演了重要的角色。"[①] 张教授对雷州半岛的影响力显然估计过高。

所以，徐闻时代的雷州文化有以下几个特点：

第一，以中原文化为内涵的封建性质的文化正处于导入期，空间上呈点线状分布，基本上是以徐闻以及雷城等为代表的孤立的点，总体发展较为缓慢。《汉书·南蛮西南夷传》所载，两汉之际，"凡交趾所统，虽置郡县，而言语各异，重译乃通。人如禽兽，长幼无别。项髻徒跣，以布贯头而著之。后颇徙中国罪人，使杂居其间，乃稍知言语，渐见礼化。"这段话基本上概括了徐闻时代雷州文化的主要特征。可见从秦统一岭南一直到西汉末年，雷州人经历两百多年才稍懂中原官话和中原礼仪。

第二，精英文化出现，精英文化是中原封建文化的 部分，主要传播者是封建官吏，它以封建官吏的言行为主要载体，沿官道呈现出点线状分布，中心在徐闻。但尚无以纯媒介形式为载体的精英文化出现，亦即无文献典籍产生。

第三，文化发展极不平衡。除汉族居民集中居住点表现出较多的封建

---

① 张荣芳、周永衡：《两汉时期的雷州半岛及其在中国历史上的地位》，《湛江师范学院学报》2002年第2期。

文化因素以外,大部分地区承传的是原始文化和奴隶制文化,尤其是盛行原始宗教文化。

第四,文化面貌驳杂。雷州半岛长期处于交界和边缘之地,族群面貌复杂,生活在雷州半岛的先后有古越族、乌浒、俚、僚等部族。秦始皇统一岭南后,留守军卒以及移民散入岭南各地,至秦末,岭南"东西数千里,颇有中国人"。尤其是在西汉平岭南后,雷州半岛置徐闻县管辖,居民正式成为郡县编民,士卒留守落籍,加上往来商贾、官员,以及中原逃难者,汉族居民的比例不断增加,基本上形成了越汉大杂居小集居的局面。正是因为族群面貌复杂,才导致文化差异和参差,导致文化面貌复杂。

第五,民间文化独特、多样,以骆越、俚僚为主体的土著文化占有主导地位,总体处于相对落后状态。贾捐之所谓:"骆越之人,父子同川而浴,相习以鼻饮,与禽兽无异,本不足郡县置也。颛颛独居一海之中,雾露气湿,多毒草、虫蛇、水土之害,人未见虏,战士自死。又非独珠崖有珠犀、瑇瑁也,弃之不足惜,不击不损威。其民譬犹鱼鳖,何足贪也?"这就是东汉元帝时"汉弃珠崖"的理由。蛮荒之地,化外之民,自然环境恶劣,依然是当时士大夫海南岛甚至整个岭南的基本印象,同时也透露出中原王朝统治这些地方的主要目的是掠夺珠犀、瑇瑁等奇珍异宝。除去中原王朝封建士大夫的偏见和侮辱性的有意贬低之外,在一定程度上也反映了海南岛社会经济文化的落后状态。此后海南岛设朱卢县,隶属郡治在徐闻的合浦郡。此时的雷州半岛与海南岛的文化状况有较多类似之处。

第六,民族演化和文化融合都在展开。汉武帝以后,"百越"一词开始淡出文献,"越族"也成为当时历史文献中罕见的名词。这种现象显然与当地政治经济文化的发展,以及民族演化、融合密切相关。随着社会生活的不断变迁,雷州半岛居民的族群面貌日益多元化,他们在雷州特殊的自然条件与多样的社会民族民俗文化的相互影响下,对各自的文化进行补充、演绎、融汇、发展,推断着雷州文化的成长。

相对而言,这个时期还是雷州文化的独立发展时期,又是雷州文化的奠基时期。这个时期各部族形成的土著文化,表现为自然的发展过程,受到外来的影响较小,是一种原生文化。以后越来越多的北方汉族由于不同原因徙居于此，使得土著或被融合同化，或外迁异地，族群结构和文化结构在不断地朝着汉族主体和汉文化主体的方向演变。如果说，以有肩石斧和几何印纹陶为代表的新石器文化，是雷州文化积层中最早的文化层，那么，以石狗和雷崇拜为代表的俚僚文化，是雷州文化的第二文化层。

第七，移入雷州半岛的中原汉民是先进文化传播的主体。这个时期中原文化的主要传播者是士卒、官吏、商贾、移民、贬谪罪臣及其家属等。人数最多的是士卒，影响力最大的是官吏和商贾。《两汉时期的雷州半岛及其在中国历史上的地位》一文还认为，"应当指出的是，失势朝臣及家属，不同于一般的罪犯，他们大多出身名门望族，文化素质相对较高，他们的到来，对较为落后的雷州半岛的社会经济文化事业的发展无疑起了很大的促进作用。"① 对此，我们认为，失势朝臣及家属虽多出身名门望族，其贬谪地在合浦郡，但不一定在雷州半岛上。从目前汉墓发掘的情况看，更可能在合浦县。而且他们的高贵出身多缘于裙带关系，从他们在文化上毫无作为的事实看，文化水准十分有限，与唐宋时期科举出身的名相文臣没法相比。此外，雷州半岛当时的社会状况，是"故俗"普遍存在，并且得到了官府以及当地"中国人"的尊重，对外来文化的排斥、抵拒心理尚未消除，外来文化也需要渐渐适应当地的水土。即使贬谪而来的罪人有较高的文化水准，也难以找到施展的空间。所以，他们的影响肯定是存在的，但也不宜估计过高。总之，中原文化在雷州半岛的影响力的提高经历了一个十分漫长的过程。

隋唐以后，航海技术大大提高，中心港口开始向腹地延伸，雷州半岛的中心北移至雷城，徐闻的政治、经济、文化地位逐步下降，迨至隋唐，雷州半岛开始进入一个新的时代——海康时代。

---

① 张荣芳、周永衡：《两汉时期的雷州半岛及其在中国历史上的地位》，《湛江师范学院学报》2002年第2期。

第四章　雷州文化的海康时代和遂溪时代

隋唐直至明清，海康成为雷州半岛新的政治、经济、文化中心，雷州文化进入海康时代。

一　海康时代——唐宋元明清时期——雷州文化的形成与成熟

海康县（即今天的雷州市）位于雷州半岛中部，东经 109°44′—110°23′，北纬 20°26′—21°11′，东濒南海，西靠北部湾，北与湛江市郊、遂溪县接壤，南与徐闻县毗邻，南北长 83 公里，东西宽 67 公里，海岸线长达 406 公里，总面积 3532 平方公里，总人口 141 万。地理面貌北低南高，起伏平缓。有大片玄武岩台地、海成阶地和若干突出的火山锥分布。东西两面临海，海岸曲折多溺谷。河流短浅，较大者如南渡河、龙门溪，呈放射状分布，小峡谷众多。海岸线绵长，优良港湾众多，其中著名的有国家一级渔港：乌石港、流沙港、企水港。

县治所在地雷州城历史悠久，文化源远流长，积淀厚重，名列国务院颁布的 99 个全国历史文化名城之一。据史载，公元前 355 年，楚灭越之后，"楚子熊挥受命镇粤，至此开石城，建楼以表其界"。这是雷州城开城的最早记录，距今已经两千多年。隋文帝开皇九年（589 年），始以"海康"命名建县，为合州治所，此后雷州城大都为县、州、郡、道、路、府治，成为雷州半岛的政治、经济和文化的中心，素称"天南重地"。

海康地方文化积淀深厚，名贤辈出，明、清之际，仅雷州府辖下的海康县就孕育出 22 名进士。杰出的代表有雷祖陈文玉，有明清岭南三大清官之一的陈瑸，有学问大家陈昌齐，有贬到雷州或途次雷州的宋代名臣寇准、李纲、胡铨、秦观、苏轼、苏辙、赵鼎、李光等十大名贤。文物古迹遍布城乡，经文物普查统计，历代保存下来和发掘出来的文物古迹有：古遗址 50 多处、古窑址有 67 处、古墓葬 600 多处、古建筑 120 多座、古寺庵 108 座、碑刻与木匾 150 块，革命遗址和纪念建筑 6 处。其中经县级以上人民政府颁布的文物保护单位有 57 处，其中雷祖祠为国家级，三元塔为省级，真武堂、韶山古戏台、东岭莫宅祠堂、唐代墓葬等 4 处为地市级。市博物馆馆藏文物 3000 多件，其中国家级文物 459 项 545 件。博物馆馆藏文物数量之多，档次之高，均为全省之首。民俗文化尤为丰富，且尤具特色。城乡各地元宵佳节的飘色游行，入选《中国民族民间舞蹈集成》的松竹、南兴、覃斗等地的傩舞（走成伥）及流行各处的散花舞，古朴的雷州歌，有三百年历史的雷剧，都是广受当地百姓欢迎的民间文化形式。

学者们把雷州文化划分为八大历史脉络：以雷州石狗为代表的古代图腾文化；以"雷州换鼓"、雷歌、雷剧、姑娘歌、傩舞、头禄花灯、散花舞、蜈蚣舞、雷州音乐为代表的传统民俗文化；以汉代伏波祠、唐代雷祖祠、宋代十贤祠、夏江天后宫、明代三元塔、清代古骑楼、古亭石桥、古牌坊、古民居为代表的古代建筑文化；以汉唐宋明时期南渡河沿岸的古民窑群址为代表的古代陶瓷文化；以"合浦珠还"、"中国珍珠第一村"流沙为代表的传统南珠文化；以宋代真武堂、浚元书院、雷州府学宫、元代海康学宫、明代雷阳书院、清末民初贡院等为代表的古代书院文化；以唐代"雷祖"陈文玉、宋代"十贤"、清代"清官"陈瑸等为代表的历史名人文化；以"雷阳八景"、鹰峰岭、九龙山、天成台为代表的自然景观文化。这八大历史脉络交相辉映，共同构成一部厚重的文化画卷。

唐代开始，以闽人为主的汉人大量移入。唐初唐太宗开发南疆，"徙闽民于会州（即雷州）"。南宋末年，30 万军民随南宋朝廷逃至雷州半岛，宋亡后，不少人散居在雷州半岛各地，他们主要来自闽南兴化府、泉州府和漳州府等地。此后，南迁的莆田人不断增加，最终成为雷州半岛的主体居民，他们带来了妈祖崇拜，所谓"闽陆恩波流粤土，雷阳德泽接莆田"，即是说明当地人与莆田的渊源。据史料记载：唐开元元年（公元 713 年），雷州府（徐闻、海康、遂溪）有 4324 户，20572 人，到宋元丰年间（公元 1078—1085 年）发展为 91274 户，27 万人。移居到雷州半岛的汉人承袭了土著的图腾崇拜方式，将雷神作为求雨祭祀偶像膜拜礼敬。

在雷州文化形成的过程中，陈文玉被建构成一个标志性的符号人物。经过文化建构后的陈文玉，其人生历史如下：陈文玉（570—683 年），雷州白院村人，聪敏好学，武力绝伦，先后任东合州刺史和雷州刺史，威望高播。在陈、隋时期，借以双亲年老，谢辞朝廷荐举。唐贞观五年（613 年）才接荐出任本州刺史。在职期间，精察吏治，安抚百姓，使雷州各族人民和睦相处，安居乐业，民皆富庶，风俗大变。同时，奏请朝廷改东合州为雷州，组织营建雷州城池，为开发雷州半岛，促进经济建设和社会发展作出了极大的贡献。唐太宗曾经降诏给予褒奖，说他"养晦数十年，恶事非君；受职父母邦，德政彰明"。雷州半岛人民对陈文玉深为敬仰和爱戴，尊之为"雷祖"，并建"雷祖祠"以为纪念。雷祖祠除供奉雷祖外，堂庑两侧又有雷神十二尊拱立，还有雷公、电母、风伯、雨师等诸神。百姓每年都在雷祠举行"开雷、封雷"的酬雷仪式，雷鼓、雷车、雷火是"开雷"必备之物，还有擎雷公、擎雷水、打雷沟、唱雷歌、演雷戏和斗雷等活动。开雷仪式疑即是古代的"雷州换鼓"。而在这些丰富多彩的行为文化背后，还有人们对陈文玉作为雷祖的形象的不断塑造。"犬报喜、雷霹雳、卵出身、掌有文是雷祖以奇而神万古者也"。狗成为雷祖陈文玉的呈祥灵物。崇狗与崇雷、人与神在雷祖陈文玉身上汇合，陈文玉成为聚合、生发雷州文化的第一个人间形象。陈文玉雷祖形象的出现，标志着雷以人神合一的身份切近了人们的世俗生活，并生发出雷州文化发达的根系。

古时雷州每年举行三次敬雷活动，二月"开雷"，六月二十四日"酬雷"，八月"封雷"。自雷祖陈文玉后，盛大的敬雷祭祀活动改为每年正月十一日至十五日举行，府、县文武官员入庙至祭，办酒席官民同乐。盛大的敬雷祭祀活动，雷州城乡士民进香络绎不绝。在敬拜雷祖之时，亦诚心地向祠前的石狗供奉香火，祈求为家门呈祥报喜。条条涓涓细流的汇合，初步形成了雷州文化。一如屹立在都江堰旁边的李冰，雷祖陈文玉屹立在雷州半岛上，文化的都江堰开始灌溉整个雷州半岛。在一定意义上，雷祖陈文玉就是雷州半岛形成共同信仰和风俗的起点。在雷祖的身上，至少完成了土著部落原始信仰的融合、统一和升华。

唐五代之后，中原汉人与闽南人大量迁雷。北宋末年，被贬雷州的苏辙在《和子瞻次韵陶渊明劝农诗》的引言中说："予居海康，农亦甚惰，其耕者多闽人也。"苏东坡撰写的《伏波庙记》也说："汉宋至五代中原避乱之人多聚于此。"中山大学司徒尚纪教授在《岭南历史人文地理——广府、客家、福佬民系比较研究》一书中指出："宋元时期，福佬系已自发展为一个族群以后生齿日繁，人地关系越来越紧张，除部分人留在当地谋生外，大批福佬人远走他乡，开始了大规模的民系迁移潮，首先之地即为地理环境相类似的雷州半岛和海南岛沿海，继及东南亚各地……"到宋代，汉民已经成为雷州半岛雷府民系的主体。移民不仅使雷州半岛的族群结构发生了质的变化，也推动了雷州半岛大规模的开发。雷州半岛的农业、手工业、盐业、渔业、采珠业、航海业等获得了全面快速的发展。尤其是到南宋，中原板荡，北方兵连祸结，偏处南方的雷州半岛相对稳定，移民增加，农商繁荣、交通便利，已成富庶之地。道光时期修撰的《广东通志·雷州府》引宋《图经》指出："州多平田沃壤，又有海道可通闽浙，故居民富实，市井居庐之盛，甲于广右。"移民潮也带来了汉化高潮。大批的闽潮人携带着他们的文化与宗教信仰来到雷州半岛，安身之处多建天后宫、天妃庙等，祭拜海神，希冀出海平安。这些带有海洋文化特色的闽潮文化，对雷州百越族的俚僚僮人产生了巨大影响，大部分俚僚僮人接受移民文化而汉化，并继续居住雷州，另一部分则迁往海南等地。以闽人为主的汉族成为雷州半岛民系的主体。迁雷闽人由于自然环境等因素，也受到了雷州先民民俗文化的陶熏，对雷祖神明顶礼膜拜，对石狗虔诚供奉。

唐宋时期中原王朝的贬谪官员也是雷州文化形成的重要力量。寇准、李纲、苏轼、苏辙、秦观、汤显祖等名臣贤相文豪来到雷州，体恤民情，爱护当地老百姓，并设学官，置书院，教化民风，培养青年才俊。他们成为中原文化的传播使者与重教兴学的先驱。"十贤"及其衍生的文化现象产生了极其深远的影响。为纪念这些名臣贤士，雷民于南宋咸淳末年（1274年）创建了"十贤祠"。"十贤"分别是北宋宰相寇准、学士苏轼、侍郎苏辙、正字秦观、枢察王岩叟、正言任伯雨以及南宋名相李纲、赵鼎，参政李光，编修胡铨。"十贤祠"内有南宋末年抗元英雄文天祥在雷州挥泪写下的《十贤堂记》碑文，文天祥称颂十贤功德，表彰雷州百姓"敬贤如师，嫉恶如仇"。文天祥本人也与雷州结了不解之缘，道德文章，高风亮节，厚泽雷州半岛，推动了雷州文化的形成。

流人带来的中原农耕文化，闽潮移民带来的具有海洋文化特色的闽潮文化，与土著文化交汇融合，彻底改变了唐朝以前以土著文化为主要内涵的半岛文化，汉化的半岛文化开始占据主导地位。

宋元之后，到明代，向雷州半岛的移民活动始终没有间断。明朝时期，政府推行军屯和移民垦荒政策，刺激了大批闽人和闽潮人移居雷州半岛。闽人大量涌入，带来的一个重要文化后果是雷话的形成。宋代之前，当地用的都是少数民族俚族的语言，此后与闽人的语言发生融合，以来自福建的闽语为基础，吸收当地土著语言的某些成分，逐步形成了雷话的一支新方言。对此，李新魁明确指出，"现代雷州半岛等地的'黎话'，是宋、元、明时操闽语的人向西迁移所带来的方言，明朝时，这种黎话已经形成。"中山大学教授司徒尚纪也指出："雷州文化吸纳多种文化渊源，其中包括土著越人的俚僚文化、移民带来的闽潮文化，南下汉人的中原文化，以及海交、外资移入的海外文化，由上述四种文化的交流、整合，至明代，以雷州话的形成为标志，雷州文化作为地域文化已经产生和基本定型。……雷州文化，有可能成为一个单独的文化区，在岭南文化体系中占有重要一席。"蔡平博士认为："一种方言的成熟与定型，意味着流行该方言地区文化体系的形成，也意味着雷州外来闽人本土化的完成。雷州本土化的闽人才是雷州主流传统文化的缔造者。"从唐到明，雷州半岛的居民形成了共同的信仰、共同的风俗、共同的语言，从而创造了一种新的独特的地域文化体系——以农耕文化为特色的中原文化、具有海洋文化特色的闽潮文化、土著文化融合而成的雷州文化。

这个时期的瓷器生产引人注目。雷州窑（雷州半岛唐至清代窑址群的总称）与广州西村窑系、潮州窑系、石湾窑系并称广东四大窑系。宋元时期是雷州窑发展至顶峰的阶段，其产品主要有青釉、褐釉瓷器。其中最有特色的，当属青釉釉下褐彩彩绘瓷器，其烧制年代为南宋至明早期，南宋晚期至元代是其工艺的巅峰阶段，明中期以后停烧。

雷州半岛发掘了大量的古代窑址，唐宋时期的窑址有雷州市茂胆窑址、湛江市区的海头窑址、廉江市的窑头山窑址、龙头山窑址；宋元时期的窑址有雷州市的公益窑址、遂溪县的新埠沿海十里窑群。尤其是遂溪县的十里窑群，瓷窑连接，绵延十里，蔚为壮观。雷州市沿海或主要河道两岸分布了从隋唐到宋元明各朝的窑址近 200 处，烧制瓷器以钵、盆、碗、碟、瓮、缸等糙瓷器为主，少数瓷枕做工精细，有彩绘花鸟人物，具有较高的艺术欣赏价值。

从窑址分布和生产能力来看，雷州窑生产的瓷器多供出口贸易，考古发掘材料表明，雷州港是唐宋元明时期雷州半岛海上"陶瓷之路"的重要港埠，陶瓷成为新的最主要的贸易品种。以雷州港为始发港的陶瓷贸易，辐射了海康、遂溪地区陶瓷业的发展。瓷器业的兴旺，瓷器出口贸易繁荣，成为海康时代雷州半岛的经济特色。以瓷器为载体的文化也成为这个时期雷州文化的重要特色之一。

葛布生产在古代雷州半岛负有盛名。中国向有"北有姑绒，南有女葛"之说，"南有女葛"指的是广东雷州妇女织的葛布。《水浒传》第 103 回写黄达"穿一领雷州细葛布短敞衫"。王安忆的长篇小说《天香》，写明代上海官宦人家的故事，书里也有这样一段文字："他们只管初二去岳丈家的年礼。半担年糕，半担上好的新米，两匹姑绒，两匹雷州葛布……"

《书·禹贡》："岛夷卉服。"孔传："南海岛夷，草服葛越。"孔颖达疏："葛越，南方布名，用葛为之。"《诗经》里有一篇《葛覃》中提到："葛之覃兮，施于中谷，维叶莫莫。是刈是濩，为絺为绤，服之无致。"说明人类在那个时候已经在利用葛藤的纤维进行纺织了。

东汉时期，岭南的葛布已经全国闻名，雷州葛布"百钱一尺，细滑而坚，颜色若象血牙。……故今雷葛盛行天下"。明清两代，雷州半岛葛布生产、贸易发达。各乡、社生产的葛布汇集雷城，通过雷州港对外输出。《广东新语》说："雷人善织葛。其葛产高凉，墙州，而织于雷。"葛的主要产地是阳江、墙洲和雷州，而葛布纺织主要是雷州。雷州是当时中国葛布生产基地。在清代，各省总督或巡抚每年在重大节日或年终都要进献方物给皇帝。广东巡抚端阳节进贡的礼品中，就有雷州葛布五十匹。①

明清时期是雷州文化的成熟阶段。清代，政府大力推行移民开发政策，雷州半岛开发获得前所未有的成就，雷州文化迎来了鼎盛时期。

至今有广泛影响的艺术形式在这一时期成熟。由汉末雷谣发展而来的雷州歌到清代定型。广东省四大地方剧种之一、广布于海康、遂溪、徐闻、廉江、电白等五县以及湛江市郊区和海南岛北部地区的雷剧，在清代定型。该剧由雷州歌演变而成。历时约三百年。中间经过姑娘歌（始于清康熙 1662—1722 年）、劝世歌（始于清乾隆嘉庆 1736—1820 年）、雷州歌剧（始于清道光 1821—1850 年）而至雷剧。流行于廉江西南以及毗邻遂溪和广西合浦一带的"白仔戏"，起源于清乾隆年间，至清嘉庆年间定型。雷州音乐产生于清初盛行于清末，流行于雷州（海康）、徐闻、遂溪、湛江市郊等地。雷州音乐艺术有节奏鲜明、旋律朴素、主音突出等特点。廉江古镇安铺的一种古老艺术——安铺八音，光绪年间创立。解放前，"八音"主要用于游神、娶新娘、祝寿等活动的演奏。现在的"八音"班，人人长衫马褂，衣冠楚楚，乐器均缀彩带、绒球，五彩缤纷，雅丽夺目，行进徐徐，音韵飘逸，深受当地群众所喜爱。主要流行于郊区、遂溪、海康等地的人龙舞据传也是在明末清初创于市郊东海岛。被誉为南国民间艺术的一株绚丽奇葩，同时被称为吴川"三绝"之首的飘色，同样形成于清末。飘色被誉为"隐蔽的艺术"和"东方飘浮艺术"，2008 年入选"国家非物质文化遗产名录"。

一批本土杰出人物的出现也是雷州文化成熟的重要标志。明代，雷州文化孕育出的本土的杰出人才开始走上前台，到了清代，更是人文繁盛，人才辈出，进士、举人大批涌现。从雷州走出的几位名人陈瑸、陈昌齐、陈乔森等开雷州一代昌明之风。"三陈"已被公认为广东才俊，影响十分深远。陈瑸在清代有"天下第一清官"的美称，与明代的海瑞齐誉。他勤政爱民，无论在福建、台湾，还是在湖南、四川，都广有政声。台湾至今还保留有纪念他的祠庙和塑像。陈昌齐是乾隆朝的进士，是一位著名的学

---

① 李日兴：《雷州葛布：古代时尚和珍贵的布料》，《羊城晚报》2012 年第 B4 期。

者，曾参与《四库全书》的编校工作。他还参与了《广东通志》的编写并主持《雷州府志》和《海康县志》的编撰工作。他仕不忘儒，潜心学问，不仅编撰了不少文学、训诂、音韵等方面的书，还编著了一批天文、历算、地理等科学论著，是一位很有成就的科学家。他还倾心教育，先后在雷阳书院勤恳教学十多年。他在河南等地任职期间，清正廉明，深受称赞。陈乔森在文学、艺术、教育等诸多方面均取得了突出成就。大批本土杰出人物的出现是雷州文化结出的硕果，意味着雷州文化进入成熟阶段。

缔造符号人物陈文玉，对历史进行文化重建。对历史进行文化重建，是人类社会极其普遍的现象。无论是个体，还是不同形式的群体，取得一定的成功之后，都会对自己的历史进行文化重建。所谓历史的文化重建，就是对自身的历史进行梳理、增删、移植、改造、重组，添加时代尊崇或需要的元素和细节，从而形成合理、连贯、光彩、严肃的正史。所以，历史中有大量的文化，文化中也有大量的历史。文化中之所以有大量的历史，是因为文化创造总是依附一定的媒介形式。这种媒介形式可以是物质性的物体，如纸张；也可以是事实、事件、行为，如割发代首；还可以是一种精神形式的东西，如神话传说。无论哪一种媒介形式，即使是神话传说，都不可能完全脱离作为历史事实的大地。所谓树碑立传，捏造历史，其实都是对历史的文化重建。

二　遂溪时代及湛江时代——清中期以后——雷州文化的转型

明清时期，雷州府地已经成为名副其实的"天南重镇海北名邦"。到了近代社会，其优越的自然条件和战略地位得到了进一步认识。中国近现代100多年，风云激荡，雷州半岛和全国大部分地区一样，几乎是同步上演着同样的历史活剧。至清中叶之后，一种新的经济形态和文化开始在遂溪迅速成长，意味着新时代的到来和文化转型的开始。雷州半岛也开始逐渐步入遂溪时代。

遂溪县位于雷州半岛中北部，西临北部湾，与广西北海市隔海相望，东临湛江港湾。海岸线长145.7公里。遂溪县历来都是雷州半岛北部经济贸易的繁华集市，是历史上中国南大门的主要商埠之一，也是今天的"中国醒狮之乡""中国第一甜县"，著名的"鱼米之乡"及粤西"红色革命老区"。

遂溪县是雷州半岛最早有人类居住的地方，鲤鱼墩贝丘遗址形成于距今7000—8000年前，被称为"雷州半岛第一村"。春秋战国时期为南越之地，秦始皇三十三年（公元前214年）归属桂林郡或象郡。西汉元鼎六年（公元前111年）设置合浦郡徐闻县，遂溪属其管辖。隋文帝开皇十年（公元590年）设置铁杷县，开皇十八年（公元598年）改椹县为椹川县。铁杷、扇沙和椹川3县皆今遂溪县，属合州。天宝二年（743年）改铁杷县为遂溪县，属海康郡，县治设今湛江市郊旧县村，此为遂溪得名之始。据《雷州府志》记载，"遂溪"意取"溪水合流，民利遂之"。

遂溪时代最突出的标志是出现新兴商业城市赤坎商埠。

赤坎商埠的发展经历了自发形成阶段、鼎盛阶段、殖民统治阶段和湛江时期四个阶段。

古代的赤坎，原为海边荒地，只有少数渔民居住。宋末元初，大量追随宋帝南逃的闽、浙百姓和官兵在此定居，赤坎于是从只有少量土著居民的居住地发展成为居民来源广泛的埠头，开始有了小规模的商业和航运。然而，自明朝洪武三年（1370年）开始实行海禁，长达二百年不准商船私往南洋贸易，清朝初年更进而"锁海""迁海"，禁止船只出海，强迫闽、粤沿海居民内迁50里，因而这二三百年间，赤坎港埠几近废弃。

清康熙二十二年（1683年）收复台湾，次年废止"海禁"令，面向南洋，背靠广阔的腹地，港口优良的赤坎，迅速崛起为粤西有名的商埠。

据遂溪县官网介绍，赤坎一直流传着"未有赤坎，先有双忠"之说。双忠指双忠庙，始建于清乾隆四十八年（1783年），位置在今天湛江市的南华广场。清朝康熙年海运解禁后，海上贸易开始复兴。传说潮阳李氏商人与仆人乘船到南洋经商，途遇台风船沉，赖帆蓬飘至今南华广场获救。同时，两尊木头神像亦飘至沙滩。李氏商人认为是神保佑才大难不死，许愿有朝一日必定建庙供奉。数年后，李氏经商致富，在原来获救的地方还愿建庙，定名"双忠庙"（1959年"大跃进"时被拆毁）。按清朝《阮通志》记载，道光二年（1822 年）才出现赤坎地名，印证了"先有双忠，后有赤坎"之言不虚。

离双忠庙不远的古老渡，已是商埠。时有闽浙、潮琼商人到此停船登岸，进行货物交易。李氏觉得大有商机，便定居下来并不断招引同乡来做生意，日久引聚定居成今天的潮州街，于清乾隆五十八年（1793 年）还建起潮州会馆（今湛江市十一中内）。此后赤坎进入鼎盛时期。

随着海水远退，陆地伸延，赤坎不断扩展。素善经商的福建、浙江、潮州、广州、琼州及本地高州、雷州商民，纷纷从海路或陆路抵此定居经商。乾隆以后，闽浙会馆、潮州会馆、广府会馆、高州会馆、雷阳会馆相继建成，于是绅商云集，商业发达，海上交通和贸易一片兴旺。当时海水直达现今民主路，而民主路与大通街、水仙街至井街之间，自西至东有清代石砌的踏跺步级式渡头 10 处，船只可直泊码头。商船自此启航，出鸭嘴港、沙湾，北通高州、广州、潮州及闽、浙，南达雷州、琼州乃至南洋。于大通街、水仙街及米行街一带，昔日货栈林立，商号鳞次栉比，贸易繁旺兴盛。到了道光年间，赤坎已是"商船蚁集，懋迁者多"，"商旅穰熙，舟车辐辏"的繁荣商埠港口。时向官府注册登记的商船达 400 多艘，其中闽浙的商行船号就有 45 家。

各地商人各引乡人集居，自成群体，于是形成赤坎的福建街、潮州街、高州街等街名，而船商们祈望商贸畅通、航运平安，大通街、平安街、泰安街等街名也便应运而生。随着赤坎商埠的繁荣，许多街名则反映了市集和行业的特征，如米行街、竹栏街、牛皮街、猪笠街、蕃薯街、鸡项街、盐埠街、染房街以及力行街、和尚街（多执道士业者）、二和街（曾有三和酒米店）等。双忠庙周围涌现出一批富有特色的近代建筑，著名的有南华酒店、大中酒店、大宝石酒店等，其中南华酒店最具规模，楼高四层，钢筋混凝土结构，座正路口，是这一时期建筑物的代表。相邻的双忠庙，终年香火旺盛，一直是市民求神还愿的精神圣地。到了法帝入侵广州湾时，赤坎已颇具近代繁华商贸都市之景象。

从 1684 年康熙解除"海禁"到法国租借广州湾，前后 200 多年的时间里，赤坎商埠作为新兴商业城市兴起和繁荣，在雷州半岛具有非凡的意义。第一，与徐闻时代的徐闻城、海康时代的雷城不同，徐闻城和雷城均为封建官府出于政治军事目的而建立，政治军事功能占有突出地位，而赤坎商埠属于自发形成，是经济尤其是商业贸易发展的自然结果，道光二十九年（1849年）编写的《遂溪县志》明确记载，它只是"遂南边陲一小镇"，既不具有遂溪县政治中心的地位，更不具有雷州半岛政治中心的地位，其主要功能就是商业贸易。可以说，徐闻城、雷城是封建政治统治的堡垒，是政治中心、军事中心、经济中心三位一体的城市，而赤坎则是脱离政治军事中心的单一的商埠，预示着社会的发展和演变方向。第二，徐闻时代和海康时代雷州半岛的商业贸易，均由封建官府主导、控制和直接参与，而遂溪时代的赤坎，商业贸易已经完全变成民间商贾主导的经济活动，这种经济活动遵循的不再是政治原则，而是经济自身的规律，因此显示出极强的经济活力和蓬勃的发展势头。第三，徐闻时代和海康时代的民间商贾，人数少，规模小，难以形成群体力量，而且通常是具有贱民和罪人身份的人，是官府的仆从，在商业贸易活动中，背负着沉重的政治身份压力，从事商业贸易的主观积极性受到极大的压制。即使到了海康时代，唐宋元明时期，民间商贾的政治地位有所提高，但时有反复，中国自古都有士农工商身份排序的传统。但到遂溪时代，商业贸易在社会经济中的地位已经大为不同，贱民或下等人的身份意识日渐淡薄，不仅不再因身份而在商业贸易活动中顾虑重重，相反，作为商贾的主体意识和进取意识大大增强。经营范围广，视野开阔，经济活动辐射整个岭南和南洋地区，从业人数多，规模大，并且形成了不同层次的群体，具备了影响政治的社会力量。潮州会馆等诸多会馆的建立是突出的标志。这一切都昭示着时代的变迁、社会的演进和历史的发展。

伴随着新兴商贸城市赤坎的崛起，一种崭新的文化——带有资本主义性质的商业文化开始出现。金钱或资本代替官阶成为衡量人身份和地位的标准，这就是商业文化的核心观念。

广州湾时期的赤坎既是遂溪时代赤坎的中断，也是一种延续。从广义上看，它是遂溪时代的另一个阶段。法国的殖民侵略打断了赤坎自然发展的进程，但赤坎的商业贸易在原有的基础上出现了新的发展局面。

广州湾自 1899 年 11 月 16 日按中法《广州湾租界条约》租借给法国，1945 年中国政府收回主权，被法国占据长达四十七年，几近半个世纪。

法租界广州湾被划分为四大行政管理区（即赤坎区、东海区、坡头区、硇洲区）。后赤坎设市，市长由总公使委任。赤坎市因其与各县为邻，腹地较大，所以成为商业中心，海边街（克里满索街）即民主大道，该大道上除开设金铺、钱庄外，出入口货庄的批发商均集中于此。大通街则为百货、布匹批发零售商集中的地方。

据史料记载，法殖民主义者为了刺激经济发展，把广州湾辟为自由港，运输贸易盛极一时。不少商人乘机大规模走私"洋药"（鸦片烟），以及煤油、火柴、布匹等。为了经济掠夺，法人准许开设烟馆、妓馆、赌馆等。广州湾烟馆、妓馆、赌馆林立，其中大小烟馆 70 多间，妓馆 170 多间。赤坎市有名的烟馆有"裕源"、"生源"、"广宏安"、"广宏泰"、"福成"、"福隆"、"公德发"等，妓馆亦有数十间，呈现出一派畸形繁荣的景象。广州湾还是贩卖人口（俗称卖猪仔）出洋的中心港口。

1925 年广州湾商会成立，坐落于赤坎民主大道（克里满索街）以法式风格建造的商会大楼，是广州湾商人商事聚议的场所，广州湾商会属下的各行业公会有百货、船务、图书纸料、花纱布匹、国药、西药、粮油杂货、鱼栏海味、碾米、金银、电影、京果、陶瓷竹木、柴炭、故衣什架、屠宰、土产代理、铜铁制造、钟表修理、皮鞋皮具、割车辘胶、榨油、烟丝、炮竹、纺织等共三十个同业公会，会员共有 1057 人。

抗日战争爆发后，沿海港口相继沦陷，作为法国租借地偏安一隅的广州湾，成为战争的避风港，外埠难民蜂拥而至，人口激增至六十万，赤坎人口由四五万人增加到 10 万人，催生了大批的旅店客栈，广州湾的旅栈业进入鼎盛时期，旅店客栈星罗棋布，各旅店天天满客，甚至偏僻街道和近郊的茅棚也租借一空。上海、广州、香港等地的大商人纷纷到广州湾开设商号，大酒店、剧院、舞坊、百货、杂货、银号、金铺、珠宝商店等星罗棋布，各行各业应有尽有。广州湾作为我国唯一可对外通商的口岸，成了当时的通商重镇和航行中心，大批物资都由此进出口。据有关资料统计，1938年至1940年三年中，每年由广州湾出口的物资达1000万美元，是战前的20倍；进口的物资更多，1942年达最高峰，进口额占国统区的21.7%。当年上海《申报》曾经载文称："广州湾现为中国海陆交通仅有之国防路线。凡由港、沪、青、津转内地或由内地转沪、青、津道经其地者，实繁有徒。运输业、对外贸易、金融、工业、商业服务业相互带动，盛况空前。"

1938—1942年，广东省银行首设办事处于赤坎。民族资本家开设了纺织、爆竹、机械、火柴、印刷等厂，1943年建成裕大布厂，相继兴建了永明、利群、广大、卢泰记等布厂，40年代初创办的侨光布厂规模较大，生产夹纱布，日产布料达二百多匹，销往邻近各县及海南、广西等地。30年代是赤坎炮竹业的全盛时期，较大的爆竹厂有生栈、光天德、谦倍、永隆等厂家，广州湾各炮竹厂的制品全部外销，输出地除美国、加拿大、爪哇、澳洲等地外，还有安南（越南）、新加坡、马来西亚等地。当时各炮竹厂都在香港设有办事处或联号。向香港各洋行或办庄接纳订货单。当时比较大的订货商行有：捷成洋行、泽记洋行、利丰公司、裕安荣号等。广州湾的五金业最早出现的是赤坎海边街的"利兴"五金店，20年代便开始经营。赤坎也成了大西南客户采购五金的物流中心，广州湾是免税出入港口，赤坎也成了各地商人南迁的经营地。

赤坎中药业也名重一时，药房药铺汇聚赤坎，赤坎也成了中药销往高、雷、廉、琼及桂、滇、黔、川各省并远销东南亚各国的集散地。仅中药业就分有生药行、参茸行、成药房、熟药店，也有中医兼制药的小厂店及药家、药中人（俗称经纪人）和行商等多种行当。货源来源极广，大部分来自京沪汉川滇黔粤桂及港澳等地，品种有高丽参、东洋参、西洋参、摩犀、羚羊、牛黄等贵重药品，均经香港进口。成药类如雷允上六神丸、施德之济众水、兜安氏吐泻水、中法九一四药膏等则来自京沪杭地区。虎标万金油、头痛粉、宏兴鹧鸪菜、雷天一六神水，柠檬精止痛散、潘高寿川贝止咳露，万灵正金油、位元堂养阴丸、何济公止痛散等来自广州。一般西药片是靠船工或行商代带进口。生药行集中于赤坎胜利路、民主路、大通街；中成药集中于中兴街，参茸行集中于中兴街、南兴街。商人多是从新会、南海、广州等上六府来的商人，也有本地下四府的商人。仅此就足以反映当时赤坎的繁荣景象。

赤坎是广州湾的商业中心，各地商人川流不息，各种商货除了销往高、雷、廉、琼及桂、滇、黔、川等地外，还远销东南亚各国。

抗战时期广州湾的文化事业也出现了崭新的局面。仅图书文具店就有"商务"、"中华"、"世界"、"联合"、"正文"、"大达"、"生生"、"国华"、"正华"、"光明"等。在赤坎寸金西（华界）成立的报馆有《大光报》、《南路日报》，还有《南商报》、《雷州民国报》等，以广州湾为主要市场，均颇有销量。1937 年 8 月，赤坎晨光小学校长，共产党员许乃超发起组织"抗日宣传工作团"，还创办了《救亡》、《怒吼》等抗日刊物。1938 年至 1942 年，一批教师和各类专业知识分子逃难到广州湾，各类学校如雨后春笋般的出现。仅三十年代建立了赞化小学、晨光小学、培才小学、维善小学、崇圣小学、慈光小学、进化小学、国本小学、培智小学、大同小学（后改为晴明小学）、韩江小学、远光小学等十多所小学，四维中学、培才中学、赞化初中、河清中学、赤坎市立中学以及华界的勤勤商学院、南强中学等七八所中学。一些文化名人，如香港电影皇帝吴楚帆、张瑛，粤剧泰斗马师曾、薛觉先、红线女，大画家赵少昂，球王李惠堂等人都到广州湾避难。更给广州湾带来了新的文化气象。

正是在这样的背景下，广州湾很自然地成为半岛接触西方文化和近现代文化的窗口。雷州文化广泛吸收外来文化和近现代文化的养分，逐步实现了现代转型。中日战争爆发后，直到新中国成立，封建主义的文化、西方殖民主义的文化、资产阶级的文化和无产阶级的文化在半岛文化区出现了极为剧烈的碰撞和激烈的冲突。在激烈的碰撞和冲突中，雷州文化加速转型，到 1950 年湛江解放，转型基本完成。

转型中的雷州文化的一个突出表现是商业主义盛行，文化具有鲜明的重商逐利的特征。精神文化与商业行为密不可分，大众商业文化流行，包括一些腐朽的商业文化，均大行其道。除了剧院、舞坊等现代娱乐场所之外，大街小巷遍布着妓馆、烟馆以及美其名曰为"俱乐部"的赌馆等腐朽东西。另一个突出表现是无产阶级的思想文化在雷州文化转型的后期迅速增长，直至新中国成立后取得胜利。

雷州半岛的湛江时代从 1945 年抗日战争胜利之后开始，一直延续到今天。在 1945 年到 1949 年之间，雷州半岛和全国一样，正在经历着一场从政治到经济到文化的巨大变革，尖锐的政治冲突，成为文化的主导思想。随着 1949 年雷州半岛的解放，湛江时代开始进入一个全新的、稳定的时期。

雷州文化的历程，是一部民族融合、文化融合的历史，也是汉民的移民史。其成就足以令世人敬仰，其艰难的过程也使人扼腕。步入近现代，雷州文化与时俱进，汲取着各种文化的营养，不断地焕发自己的生机和活力。如今，它正走向新的辉煌。

第五章　雷州文化的形态结构

由于历史渊源和地缘关系，雷州半岛成为多种文化的交汇地，土著文化、百越文化、荆楚文化、中原文化、闽潮文化以及外来文化等多种文化相互杂糅交融，形成了雷州文化。2005 年，雷州市委宣传部组织省、市专家学者从理论上对雷州文化体系进行了梳理，把雷州历史文化概括为"八大脉络"，即古代图腾文化、传统民俗文化、古代建筑文化、古代陶瓷文化、传统南珠文化、古代书院文化、历史名人文化、自然景观文化。厘清雷州历史文化八大脉络获湛江宣传工作创新一等奖，说明"八大脉络"的理论概括不仅获得了学界的认同，也得到了官方的认可。[①]"八大脉络"实际上就是文化存在的不同形态，对整个雷州半岛的历史文化也是适用的。这种梳理在实践上有利于抓住重点，突出特色，分类保护。

中山大学司徒尚纪教授在《雷州文化历史渊源、特质及其历史地位初探》一文中，着眼于族属和文化来源，把雷州文化分为俚僚文化、闽潮文化、中原文化、海外文化四个构成部分。[②] 这一分类方法对认识雷州文化的源流不乏积极意义。

我们从以下几个视角分析雷州文化的形态与结构。

一　雷州半岛的农耕文化、渔猎文化与商业文化

自然环境和生产方式是文化形成最深厚的物质基础，对文化的创造和积累至关重要。从这一角度看，地域文化可以区分为游牧文化、渔猎文

[①]　林涛：《图读雷州文化》，南方出版社 2006 年版，第 169 页。

[②]　司徒尚纪：《雷州文化历史渊源、特质及其历史地位初探》，《雷州文化研究论集》，中国评论学术出版社 2013 年版，第 2—5 页。

化、农耕文化、商业文化。游牧文化也可以叫草原文化，渔猎文化则属于海洋文化的一部分。从这个角度看，雷州文化总体上是以农耕文化为主，以渔猎文化为辅，以商业文化为补充的地域文化。农耕文化是在农业耕作这一生产方式基础上形成的文化形态。雷州半岛古文化遗址发掘出的大量石器表明，早在原始社会，雷州半岛就出现了原始农业，到明清时期农耕文化完全成熟。农耕文化主要以农耕生产活动、消费活动、生产资料和生产成果为主要载体。在这些载体中，农耕的生产和消费活动，作为一种行为载体，无法保存，生产劳动的成果大部分被一次性消费，工具是能够遗存下来的最主要器物。工具不仅能决定生产方式，也能反映劳动成果。因此，工具的文化内涵在农耕文化中具有特别重要的意义。从雷州半岛的生产工具的遗存来看，与水稻耕作有关的农具较为丰富，说明水稻种植在雷州半岛占有重要地位。

在三面环海的雷州半岛，农耕文化始终是主导文化形态。其原因在于：第一，雷州半岛具备农耕的最基本的自然条件；第二，历代统治者推行移民垦荒政策，不断将农耕人口迁移至雷州半岛；第三，强势的中原农耕文化通过流人和移民对雷州半岛产生了深刻影响；第四，明清时期严厉实行海禁，甚至片板不许下海，阻断了雷州半岛居民海上谋生的路子；第五，雷州半岛多台风，明清到民国海盗又极其猖獗，都大大增加了海洋活动的风险。在以上诸多因素的共同作用下，农耕文化在雷州半岛长期居于主导地位。

任何一种文化都有其优缺点，关键是如何认识这一文化的优缺点。

如何认识农耕文化？农耕文化是最保守的文化类型。游牧文化、渔猎文化，或者纵马奔腾，驰骋原野，或者操舵出海，搏击恶浪，非身强力壮者不能为。生存环境需要不畏艰险和勇猛进取的精神。所以，在草原文化和海洋文化中，青壮男丁是社会的核心力量，而这个群体也是社会成员中最富进取精神和冒险精神的群体。农耕社会之所以屡遭来自草原和海洋力量的冲击和破坏，与此不无关系。农耕社会则不然，农耕社会有着滋生保守性的根本前提和深厚基础。第一，日出而作，日暮而息，农耕社会有着稳定不变的生产生活环境和方式，而这种环境和方式不容易造就敢于变革、勇于进取的精神，却容易滋生保守意识。中国人常说的守着一份家业，大体上也是这种保守意识的体现。只会在万不得已的情况下变革，而变革的最终目的，还是为了"能守"。"守"在农耕文化中具有特别突出的意义。第二，农耕生产要靠天吃饭。人们尽管勤劳耕作，但收成如何，风调雨顺是关键，人在天的面前基本上处于无能为力的状态，面对大的旱涝天灾，人只能被动地等待，或求神保佑。农耕社会，人不是没有积极进取的行为，但是这种进取始终在依赖的前提下，因为这种进取获得的成果是有限的，最终成事在天，成事靠天。第三，农耕社会除了靠天吃饭，就是靠经验吃饭。如果说工业社会是科技社会，那么，农耕社会就是经验社会。丰富的农耕经验在生产中占有重要地位。一般情况下，年龄越大，农耕经验越丰富，所以在农耕社会，掌握丰富农耕经验的老人在生产中发挥着极其重要的作用，处于社会的中心地位，老人是社会生产生活的指导和领导力量。这是中国尊老敬祖的重要社会基础，也是中国孝文化、宗法观念长盛不衰的重要原因。任何社会，任何时代，老人作为群体，都是一支趋向保守的力量。当这种力量长期占有统治地位、缺少相应的牵制力量的时候，社会意识的保守性必然大于社会意识的进取性，而且保守意识会不断积累、叠加、强化，类同中国的封建专制制度的强化过程。

雷州半岛三面环海，渔猎文化（在雷州半岛，渔猎文化是海洋文化的一部分，这里不做区别）远比农耕文化历史悠久，沿海种类繁多的鱼类、贝类，为雷州远古的先民提供了丰富食物，鲤鱼墩等贝丘遗址，都有大量的贝壳遗存，而与农耕相关的遗存就相当少。所以渔猎文化也是雷州文化的主要构成部分。

浩瀚的海洋长期成为人类活动的边界，是人类迁徙与交通的障碍。在雷州文化中，海洋的边界功能也相当明显。雷州先民沿海聚居，渔猎生活开始较早，但发展缓慢，而且越往后发展，农耕文化的地位越突出，渔猎文化的地位则不断地相对萎缩，对海洋的认识、意识、观念、精神长期停滞不前，更新极为缓慢。

考古学家在我国周口店、辽宁、河北、浙江河姆渡以及海南岛、北部湾等处的古海岸阶地上均发现有绳纹瓦器皿的残片，以及早期以渔、猎、耕、稼活动为特点的古文化遗迹。石器时代是海洋文化的始萌期，最初的人类从海岸地带捕捉鱼、虾、贝、蟹，以鱼骨为箭弩猎取禽兽为食，进而饲养与种植稻粟等。雷州半岛从考古发现的渔具、古代港口遗址，到妈祖庙等，都表明自古海洋与雷州居民生活息息相关。

如何看待雷州文化中的海洋文化因素，研究者的认识并不一致。

如何认识雷州半岛的海洋文化涉及两个问题：一是雷州半岛海洋文化在雷州文化中的地位；二是雷州半岛海洋文化的性质。就地位而言，首先，雷州半岛所谓的海洋文化，实际上只是涉海渔猎文化，其本质是农耕文化的延伸，既不占有主导地位，也无独立地位，而是农耕文化的补充。其原因有三：第一，整个雷州半岛经济生活是以农耕为主的，无论是从从事农耕的人数看，还是从生活的主要经济来源看，农耕是占主导地位的。第二，在雷州居民的思想观念中，土地的重要意义远远超过海洋。所以，海洋作业的经验始终未能升华为系统科学的理论认识和总结。第三，雷州不断地引进新的作物，但很少引进新的海洋作业技术。就雷州半岛海洋文化的性质来看，是一种具有保守、敬畏性质和特征的海洋文化，而不是一种富有冒险精神、开拓精神的海洋文化。

司徒尚纪先生认为，雷州半岛先民们对海神的崇拜，"反映了天后作为勇敢、无畏、正义化身，涉险履波，济世救人，热心公益事业，正是雷州人敢于开拓、进取海洋文化品格的表现。"①

这里我们又要探讨两个问题：一是天后的精神是什么？是勇于开拓、进取海洋吗？二是崇拜海神妈祖，能表现雷州人敢于开拓、进取的海洋文化品格吗？

妈祖，又称天妃、天后、天上圣母、娘妈。妈祖原名林默，诞生于宋建隆元年（960年）三月二十三日，宋太宗雍熙四年（987年）九月初九逝世。林默幼年时聪明颖悟，8岁入塾师读书，勤学强记且过目成诵。长大后，以行善济人为事，精研医理，为人治病。她还能"乘席渡海"，营

---

① 司徒尚纪：《雷州文化历史渊源、特质及其历史地位初探》，《雷州文化研究论集》，中国评论学术出版社2013年版，第2—5页。

救海难。所以还称她为"神姑"、"龙女"。传说林默 28 岁时，一次在海上搭救遇险船只不幸被桅杆击中头部，落水身亡，后人视她升天为神，专门到海上救急扶危。妈祖逝世后，乡人感其生前恩德，建庙祀之，成为船工、海员、旅客、商人和渔民共同信奉的神祇。古代在海上航行经常受到风浪的袭击而船沉人亡，船员的安全是航海者的主要问题，他们把希望寄托于神灵的保佑。在船舶启航前要先祭天妃，祈求顺风和安全，在船舶上还立天妃神位供奉。

妈祖信仰在我国东南沿海十分普遍，福建、台湾、广东及东南亚的林氏宗亲都称妈祖为"姑婆"、"姑婆祖"、"天后圣姑"、"天上圣母姑婆"等。据统计妈祖为世界三大宗教信仰之一。台胞三分之一以上信仰妈祖，台湾全岛共有大小妈祖庙 510 座。

宋宣和五年（1123 年）至清道光十九年（1839 年）的几百年间，宋、元、明、清十九位皇帝先后为妈祖亲自褒封 26 次，封号由"顺济"二字累加到 64 个字，爵号由"夫人"、"妃"、"天妃"、"天后"、"天上圣母"直到无以复加。朝廷的累累封赐，最终树立了妈祖作为唯一"海神"的至高无上的地位。

在雷州半岛上，徐闻境内自新寮、海安、五里、角尾、西连石马一带沿海，就有 20 多座妈祖庙。早在唐代，朝廷就有计划地"徙闽民于合州"（古辖徐闻等），而后宋、元、明、清闽人逃避战乱，航海经商，到徐闻为官宦满期后定居，带着福建莆田的妈祖信仰。现在徐闻沿海天后宫庙门大多写着有关莆田妈祖内容的对联，说明妈祖是从福建莆田传过来的。当地渔民祈求太平如意，寻求保佑安宁，于是渔民家中大事小事或每逢出海，都到"白宫（娘王庙）"问问妈祖，燃一束香，祈保平安。

天后妈祖并不是勇于搏击大海的英雄，而是勇于救灾救难的英雄，保佑海上平安的神灵。

崇拜妈祖，不是崇拜妈祖敢于搏击大海的冒险精神，而是看中了妈祖救灾救难、逢凶化吉、保佑平安的神秘力量。并不是说在雷州半岛先民的海洋活动中，没有任何敢于开拓、勇猛进取的行为。但从总体上看，海洋文化是一种被动的、遭遇的、保守的、畏惧的文化，而非积极的、自觉的、进取的、冒险的文化。所以，不像司徒尚纪先生所说的"雷州人亲海"，相反，雷州人畏海惧海，正因为畏海惧海，才有对海神的崇拜和热烈的祭祀，幻想海神保佑他们在神秘莫测、波涛凶险的大海上平安劳作。

刘佐泉先生对雷州半岛的海洋文化有一段生动的评述，可谓一语中的。他说："毋庸讳言，大海的波涛并没有造就雷州人敢于冒险勇于向外开拓的进取精神，而这一精神正是海洋文化的本质特征。不可也不必回避的是：雷州人枕着海涛做田园之梦。"① 这种保守型的海洋意识，不独雷州半岛的先民们如是，恐怕整个中华民族的海洋意识亦复如是。"如果把西方的海洋文化称为海洋商业文化，那么中国的海洋文化便可称为海洋农业文化。"②

雷州半岛的手工业、商业文化，以及海外贸易都曾一度繁荣。古代的航海业、盐业、采珠业，唐宋以降的陶瓷业、葛布生产都闻名遐迩，尤其是清朝末年到抗战时期，雷州府所在地的海康县，遂溪的赤坎、广州湾，以及徐闻县等近现代城市的手工业、商业、海上贸易等成为岭南地区最鲜亮的色彩。前文已有论述，在此不赘。

二 雷州半岛的民间文化与精英文化

雷州文化的最初形态是图腾文化，逐步演进为民俗文化，精英文化或仕宦文化成型的时间最晚。各种文化形态既有相互承继的关系，又有相互叠加融合的关系。

雷州半岛民间文化丰富多彩，引人注目。在一定意义上，从古到今，民间文化在雷州文化的构成中始终占有主体地位。民间文化主要以四种媒介方式存在：一是社会仪式活动及相关物质形式，包括节庆、祭祀、红白事、信仰活动等；二是与物质生产、消费相关的习俗活动及其器物；三是教化娱乐活动及相关物质形式；四是社会组织活动及相关物质形式。社会

---

① 刘佐泉：《雷州文化历史及特征与"海上丝绸之路"》，《雷州文化研究论集》，中国评论学术出版社 2013 年版，第 55 页。

② 宋正海、郭廷彬、叶龙飞：《试论中国古代海洋文化及其农业性》，《自然科学史研究》1994 年第 4 期。

组织活动涉及人与人之间所构成的种种团体，诸如家族、行帮、社团、宗教道门等，每一种团体都有其组织形式、制度、礼仪、惯用语言和行为模式，团体成员相沿成习，一般情况下都会恪守严遵。

从内容上看，民间文化大体上可以分为民间信仰、民间艺术、民间工艺和技艺、民间风俗等。雷州文化中民间信仰有反映各种宗教信仰的原始图腾崇拜、道教文化、佛教文化以及基督教文化等，而最突出的是反映本土原始图腾崇拜的石狗文化以及雷祖文化。雷州半岛民间艺术种类繁多，资源丰富。据不完全统计，雷州半岛的民间艺术种类达110多种。中国文艺家协会所归纳的七大民间艺术，在雷州半岛均有分布。其中民间舞蹈有傩舞、散花舞、屯兵舞、目莲舞、人龙舞、草龙舞、布龙舞、火龙舞、认同年、打盘茶、蜈蚣舞、貔貅舞、鹰雄舞、醒狮舞等。民间演唱艺术有雷州歌、木偶戏等。民间工艺如石雕、泥塑、彩扎等，都值得深入挖掘。雷州半岛民俗更是色彩缤纷，让人眼花缭乱，如节俗、婚俗、渔俗、食俗等，地方特色鲜明，韵味十足。这些民间艺术都以独特的风格、浓郁的地方生活气息，令当地人陶醉不已，令外地人惊羡不已。下面仅对一些有代表性的民间文化做简单介绍。

雷州半岛民间舞蹈丰富多彩，有古老的傩舞，有宗教舞蹈，有动物舞蹈，有民俗舞蹈，种类繁多，形式多样，五光十色。傩舞又称"走成伥"（走清将），是一种古老的民间舞蹈，据传雷州半岛傩舞是唐宋时期由江西、福建传入的，表演形式有"走清将"、"考兵"、"舞二真"、"舞六将"等。在雷州农村，每年农历正月十二至十五都举行一次"大傩"活动。是日，傩队轮流到各家各户的庭院中跳傩舞，演员6—8人，身穿武服、手执兵器，手足系银铃，戴上狰狞恐怖的面具，人物有雷神、武将、道士、土地公等，跳傩时，边敲锣鼓边燃炮竹，场面热闹非凡。舞蹈情节有"耀武扬威"、"移山倒海"、"升天入地"、"驱邪捉鬼"等，动作简朴威武，富有特色，深受群众喜爱。傩舞被称为"舞蹈的活化石"。

散花舞是道教全套祭扫仪式中的一个节目，是道教的一种祷神仪式，早期流行于江西、浙江等地，宋元时期传入雷州半岛。表演时间在白天，地点在寺庙，表演者4人，均为男性，主斋人在坛前大声诵唱散花词，乐队随之伴奏，表演以"春、夏、秋、冬"为层次，以"摘花、赏花、献花、散花"为动作内容，时而独舞，时而群舞，舞蹈动作柔媚飘逸。

遂溪的民间醒狮活动始于明清时期，是南狮表演的代表，凡逢年过节、喜红庆典，都用醒狮助兴，祈求平安吉祥。目前全县民间醒狮团有250多个，其中高桩狮近30个，地狮200多个，表演者过万人。遂溪的舞狮队中，有男子、女子醒狮队；单狮、双狮；地狮、高桩狮；高桩单狮、高桩双狮等，形成独具特色的醒狮艺术风格，多支舞狮队多次参加市、省以至国际性的民间醒狮表演赛。中央电视台摄制组曾先后两次到该县拍摄民间醒狮活动并作为专题播出。特别是该县的文车、许屋、龙湾、台岭等高桩狮，久负盛名。高桩醒狮是南派中难度最高的表演，桩长近15米，高近3米，表演情节分为起式、探桩、上桩、飞桩、采青、回桩、收式等，表演动作惊险，扣人心弦，是融舞蹈、杂技、武术等于一体的表演艺术，被誉为"中华一绝"。遂溪醒狮表演多次获奖。黄略文车醒狮团参加广东省首届民间醒狮表演获金奖，还获得国际醒狮邀请赛银奖和最佳创新奖；黄略镇龙湾女子醒狮团参加广东省民间醒狮艺术表演赛，获银奖和最佳巾帼风采奖；许屋醒狮团受中国民间文艺家协会委派，准备到以色列国海法市参加大型文艺交流活动，后因"非典"未能成行，但许屋醒狮团已扬名海外。文车醒狮队还到法国巴黎参加"中法文化年"展演。2003年12月，遂溪县被中国民间文艺家协会命名为"中国醒狮之乡"。

龙舞在雷州半岛演化出多种形式，著名的有东海岛的人龙舞、调顺岛的草龙舞、东山竞技龙舞、雷州高跷龙舞等。东海人龙舞流行于湛江市东海岛区一带，已有400多年的历史，有"东方一绝"之美誉。史料记载：明末清初，从福建莆田迁移东海岛的移民，为了娱神与自娱，几十或上百青年儿童聚集一起，人搭人，肩叠肩，走街串港，吸引街坊群众欢看喝彩。以后渐成习俗，此后又将娱龙、敬龙、祭海、祭祖、奉神等多种文化观念融入其中，成为一种民俗仪式。据民国《海康县续志·地理志风俗》载："舞龙者一人为龙头，后为龙尾，次一人直卧和抱前者，脚夹后者，挨次递抬，向街直走，则念曰：骑龙头，龙头落下水，骑龙尾，龙尾竖上天。"每逢春节、元宵、中秋，东山圩村东、西两街，张灯结彩，在鞭炮、螺号及锣鼓声中，参加表演者搭起人龙，由舞龙珠者带领，从康皇庙前出发，走街串巷地"游龙"，表演"起龙、龙点头、龙穿云、龙卷浪"等独具特色的表演程序和动作套路，然后再回到庙前广场继续表演。人龙从龙头、龙身到龙尾，从龙舌、龙眼到龙角，全由真人扮演，不用服饰道具。当"巨龙"起舞之时，锣鼓喧天，号角齐鸣，人龙昂首、翻腾、劲摆，表演起来宛如蛟龙出海，引人入胜，因而广受欢迎。1992 年 5 月 1 日，当地人龙舞团队应中央电视台邀请进京参加文艺晚会演出；1997 年表现人龙舞的电视专题片《人龙魂》获第二届全国城市电视台音乐节目金奖；2002年在广东省民间表演艺术湛江邀请赛中获金奖；2004 年应邀参加首届中国海岛文化节。调顺草龙舞有 500 多年的历史，草龙由稻草、鱼网、竹篾等材料制作而成，调顺草龙舞通过扭、转、穿、腾，展现岛上渔民与大海搏斗的情景。由于历史原因，草龙舞解放后曾经失传多年，2005 年，调顺的黄车炳老人凭借记忆，再次编织 4 条草龙，并在调顺举办的首届农民文化节中亮相，从 2006 年年例开始，调顺草龙舞吸取了竞技龙的套路，组成双龙争珠、双龙穿云、绞接龙尾、双龙绞身等新招式，把草龙舞得活灵活现，受到群众喜爱。2005 年参加湛江市红土文化节展演获得银奖。竞技龙舞和高跷龙也是特色独具、广受欢迎的民间表演艺术。

雷州蜈蚣舞也独具特色。蜈蚣舞的确切起源时间已无从考证。在雷州乌石港，每年中秋节夜幕降临后，表演就开始了。舞蹈队伍约一百米长，由一条缆绳将几十人连在一起，每隔 1.5—2 米一个人，缆绳绑在腰上，边舞边蛇形前进，中间的蜈蚣身部分人人头戴草笠，双手各执一把香，草笠上也插满香。舞蜈蚣头的人，则头戴小猪笼，猪笼中塞满泡沫块并插上香。尾部有两个人，形似蜈蚣的分叉尾，各背一个小猪笼，猪笼中塞着石头和湿的稻草，四周插满了香，有几十斤重。因怕尾部的两个人不堪重负，加上此两人一定喝酒至半醉，因此他们各有两个人扶持着前进。因负重并半醉，尾部便摇摆至街道两边，幅度很大，观者常常躲闪不及。相传蜈蚣舞与出海捕鱼有关。

表演观赏艺术中爬刀梯也是极为扣人心弦的表演艺术。爬刀梯又叫上刀山，是一种古老的民族民俗活动，旨在驱邪消灾，祈福平安。"爬刀梯"

流传在湛江市麻章区太平镇麒麟村。该村每年农历二月十一日、十二日为年例，其主要内容有游神、走轿、爬刀梯、过火海等。爬刀梯表演时要在平地上竖起高18米的对称木杆，把36把锋利的钢刀一一绑在木杆上，谓之"刀梯"。表演者在唢呐、锣鼓和鞭炮声中，手抓刀刃，赤脚踩着刀刃，一步步向刀梯顶部攀爬。"爬刀梯"是当地民众祭祀仪式中庄严神圣的内容之一，流传数百年，备受当地人的喜爱。

雷州民间音乐独具特色，其中雷州歌和东海嫁颇具代表意义。雷州歌也称雷歌，是广东省四大民歌之一。2008年入选第二批国家级非物质文化遗产名录。雷州歌在宋代已流行，至今已经数百年。雷歌结构严谨，平仄协调，韵律优美。每首4句，每句7字，第一、二、四句末字押雷州音韵，第二、四句的第4字是阳平声，格律近于七绝。这种自由腔调开口即唱，才使雷州歌得以一代代传承下来。雷州歌的对唱歌衍生了"姑娘"歌，"姑娘"歌中的劝世歌又衍生出雷剧，因此雷州歌在雷州文化中具有极高的历史价值和艺术价值。在雷州半岛，雷歌无所不在，无所不歌，不论是文人雅士或野老村夫都十分喜爱，雷州有一句很流行的俗语叫做"一条歌唱到城"，即赶集时沿途接连不断地唱歌，直唱到城镇。在一定意义上，雷歌作品是雷州人生活历史的一部口传百科全书，是研究雷州历史的资料宝库。

东海嫁是雷州歌的一种，清朝已经出现，主要流传于湛江市东海岛、遂溪等地，也是用雷州话吟唱的一种独具特色的民歌。东海嫁民歌一是用来哭嫁，二是用来哭丧。女子出嫁前，同村的姐妹到其家陪哭一个多月，按照哭嫁程序，先后分为哭梳头嫁、出门嫁、踢轿嫁和坐轿嫁，内容是回顾父母的养育之恩，抒发与父母兄弟姊妹的别离之情，如诉如泣，像咏唱一部长篇叙事诗。而丧事哭词则是唱丧家人的家史和逝者生前的事迹和功德，曲调基本相同。东海嫁的音调平和偏低，用词口语化，节奏较为紧凑、平稳、整齐，适合长时间的叙述。流传的东海嫁有《十二个月嫁》、《十二个时辰嫁》、《十月怀胎嫁》、《搭命嫁》、《问答嫁》、《谜语嫁》、《李桂梅诉情》等。《李桂梅诉情》是东海嫁的代表作，在东海岛流传极广。解放后曾任湛江市地委副书记的黄明德，当年在抗日反汪大会上，以哭东海嫁的形式揭露国民党反动县长与汉奸汪精卫的罪行，传为佳话。

民俗是约定俗成、世代沿袭的行为规范和方式，涉及所有的社会成员，规定着社会生活的秩序和延续方式，在民间文化中具有核心意义。其中一系列神灵崇拜、巫术和禁忌，是民间文化最核心的内容，是一个族群对信仰的选择，也是对一定的价值观念的认同和追求。它常常直接或间接、或隐或显地渗透到一系列民间活动中，成为一个族群的文化标志。所以它是一个族群的精神内核，是形成一系列文化的基床。我们从雷州半岛的年例活动中可窥见一斑。

雷州半岛遍及城乡的年例是民间最隆重的群体性活动，它集民间信仰、民间风俗、民间工艺、民间艺术于一体，是一种综合性的群众节庆祭祀活动，俗称"做年例"或"祭社"。整个宗族（往往是一个自然村或几个自然村）以祭神、拜祖的形式祈祷风调雨顺、人丁兴旺、百业昌隆，向有"年例大过年"的说法。年例活动并非粤西地区特有，但以粤西年例活动最为隆重。年例节也叫"神诞日"或"社日"，一般为一年一次，一次一天，也有一年两三次，一次两三天的。因为各宗族所奉的神的诞辰、宗族搬迁日、祠堂落成日不同，所以各村年例节日期也不同，但大都在正月初二至清明节之间，其中十五日、十六日是高峰。清明之后的其他时段，有些地方也有年例，入秋以后的年例叫"翻秋年例"。明嘉靖三十六年（1557年）的《广东通志》载："雷州府于元宵鸣锣鼓，奏管弦，装鬼扮戏，沿街游乐。"记载了当时雷州府跳傩舞闹元宵的场景。尽管没有明确记载为年例活动，但与后来的年例活动有不少相像之处，所以大多数人认为，年例活动从明朝就已经开始出现。光绪《茂名府志·风俗》卷六"风俗十二"篇记载："自十二月到是月（农历二月）乡人傩，沿门逐鬼，唱土歌，谓之'年例'。或官绅礼服迎神，选壮者赤帻朱蓝其面，衣偏裻之衣，执戈扬盾，索厉鬼而大驱之，于古礼为近。"

年例是如何形成的，民间说法有三种。一是由元宵节衍化而来的。年例的时间主要集中在元宵节前后，做年例时都张灯结彩，颇类汉唐以后中原元宵节持灯嬉游的庙会习俗，于是民间便集元宵节、庙会、社祭、地方祖先迁移落脚纪念日等为一体，形成隆重热烈、极受村民重视的民俗节庆——年例。二是与冼夫人有关。有的说年例活动最先由冼氏家族兴起，后来流传至粤西各地；有的说，雷州半岛有许多冼夫人庙，游神常能见到"冼夫人"；有的说，是各地为了迎接冼夫人的到来而举行的欢迎活动，后来变成了祭神活动。冼夫人是南朝到隋朝时期岭南百越族的著名领袖，平定岭南各地，维护国家统一、民族团结，对粤西及海南等地有深远的影响。三是驱邪。三种说法都有道理，都没有充分的史料做证据。民俗专家比较认同的观点是，年例是以祭祀文化为核心，多种文化融合体的民俗化。

原湛江群艺馆馆长、民俗专家朱卫国认为，年例是一种信仰文化。事实上，它不仅是一种民间信仰文化，更是宗族势力对外的一种集体宣示，是对异己力量的示威，也是宗族力量的一种凝聚形式。《雷州府志》有记载："自汉末至五代，中原避乱之人多家于此。"而避乱迁徙的汉人多举族、举家而来，在一个陌生的环境里，他们面临一系列威胁和危险，有凶神恶煞，邪祟鬼魅，有土著居民，有天灾人祸，有精神压力。解决这些问题最好的方法是集合整个宗族的力量，以一种盛大的形式，在酬神祭祖的名义下，宣示自己的力量，驱逐或警示那些异己力量。当然，在另外一种意义上，年例活动也是庄严的集体狂欢。所以，祭天、祭地、祭神、祭祖、舞醒狮、燃社火、游神、唱大戏、演木偶戏，鸣铳炮、送瘟神、烧纸船、插彩旗，庄严隆重，热闹非凡，家家户户大摆宴席、亲友欢聚一堂，兴高采烈，大快朵颐。这就是年例。上文所述的各种民间文化形式往往在年例活动中汇聚一堂，各显神通。后来，宗族发展成村落，年例就成了村落的集体性活动。

年例活动像其他民间传统文化活动一样，既有表达美好愿望等积极健康的一面，也有封建迷信等低俗的一面，比如在年例活动中相互攀比大肆铺张浪费，修宗祠建庙宇追求奢华等，问题都比较严重。如何借助年例的娱乐形式，提升民众现代文明所要求的精神素质，是一个值得深入研究的文化课题。

精英文化从徐闻时代开始起步，经历海康时代的中原贬谪官员的大力启蒙，至明清时期本土精英文化成型，并呈现出独特的光彩。

　　历史名人是精英文化的主要创造者和体现者。雷州半岛的历史名人由两部分构成，一部分是本土成长的历史名人，另一部分是曾经居留本地、对本地有特殊影响的外来历史名人。明清之前，主要是外来的历史名人，明清时期本土历史名人崛起，成为本土精英文化成熟的标志。

　　雷州半岛最早的历史名人是西汉的伏波将军路博德和东汉的伏波将军马援。两位伏波将军的主要历史功绩是开疆拓土。尽管他们的重要贡献不是在文化创造上，但他们不畏艰难险阻、为国建功立业所体现的精神，是一笔极为宝贵的文化财富，同时，他们是后人创造文化的触媒和载体。路博德平岭南，最后到达海南岛，雷州半岛是必经之地，但是东汉伏波将军马援的行军路线并不清楚。《资治通鉴·卷四十三·汉纪三十五》载："征侧与其妹征贰反，九真、日南、合浦蛮俚皆应之"。合浦郡的徐闻县所辖的蛮俚如果参加了反叛，马援军到雷州半岛的可能性就更大，现在的问题是雷州半岛的蛮俚是否也响应了征侧的反叛不甚明了；马援是否经过雷州半岛也没有明确的文献记载。当然文化创造不需要充分的事实依据，马援是否经过雷州半岛并不影响相关的文化创造。所以，雷州半岛流传着很多关于马援的神奇传说。两汉的两位伏波将军在雷州半岛备受尊崇，立祠纪念，甚至被奉为海神。据清乾隆年间编撰的《徐闻县志》中所记载：苏东坡移贬海南儋州，渡海北归至徐闻时，他认为自己没有死于南荒，是依靠伏波将军的保佑。他说，"四州之人以徐闻为咽喉，南北之济以伏波为指南，事神者其敢不恭"，"轼以罪谪儋耳三年今乃获还海北往返皆顺风，念无以徐神贶者"。于是，他前往谒拜位于徐闻城南的伏波庙，并作了《伏波庙记》铭于庙中。

　　雷州伏波祠又名伏波庙，位于雷城南亭街，始创于东汉，是岭南古老祠庙之一，属雷州市文物保持单位。祠内敬奉西汉邳离侯路博德及东汉新息侯马援两位伏波将军。两位伏波将军多次受历代朝廷法封，宋徽宗曾封路博德为忠烈王，封马援为忠显佑顺王。祠内保留有明清诗碑、重修碑及其他古碑刻20多通，是极珍贵的文物。明清两代均有重修。

　　两任将军历朝历代都受到敬仰，前来参观的名人留下不少诗篇。明雷琼道程宪谒《二伏波庙》诗："奇欧先后拜高封，许国丹心一刻同。在着汉家摧万敌，于今南合羡双忠。"（雷州古称南合州）明嘉靖雷州知府载嘉就谒伏波庙诗："城限古庙锁云烟，瞻仰英风望后先。粤国山河从此定，汉家文物到今传。"这些诗歌都是赞颂两位伏波将军的赤胆忠心和维护国家统一的功勋。伏波庙也成为本地文化创造的重要触媒。

两位伏波将军是朝廷命官为宦雷州，并对雷州产生重要影响的代表人物。这是外来历史名人中的一类。另一类则是贬谪雷州或途次雷州的外来历史名人。这类人物与前者不同的是，他们多是科举出身的文化名人，而不是文化层次不高的武将外戚官宦。所以这批流人的影响对雷州文化具有巨大意义。第一，他们的言行更具有文化意义；第二，他们直接进行文化创造和传播；第三，对雷州文化尤其是精英文化的形成具有启蒙作用。"雷州十贤"是这批人物的主要代表，他们在开启民智、涵养民风方面，泽被深远。

十贤中，寇准是最早贬谪雷州的，绍圣之后，苏辙、秦观、王岩叟（死后追贬）被贬到雷州，苏轼、任伯雨贬谪海南路过雷州，南宋高宗时，李纲、胡铨、李光、赵鼎被贬谪海南，也途经雷州。

寇准（961—1023 年），陕西人，北宋著名政治家，为人刚正不阿，礼贤下士，直言敢谏，两度罢相，最后被贬为雷州司户参军。宋真宗时宰相寇准力主真宗亲征抗辽，在"澶渊之役"中战功卓越。澶渊之盟后，王钦若诬陷寇准把皇帝当作孤注，并把澶渊之盟定性为城下之盟。真宗受其蛊惑，疏远寇准，天禧四年再罢寇准相位。从此，寇准不断南谪，并于乾兴元年到了雷州。唐宋以前，雷州半岛是蛮荒之地，瘴疠之乡，古越人杂居之处，夷言莫辨，中原人一向视为畏途。身处蛮荒，北望神京路远，寇准心中无限凄凉。他在《题曹氏园亭绝句》写道："野静长原迥，亭开西吹清，登临时一望，海树与云平。"而夜深人静，辗转难眠，独自凭栏，心绪凄凉。《海康西馆有怀》："风露凄清西馆静，悄然怀旧一长叹。海云销尽金波冷，半夜无人独凭栏。"但从宰相跌落到司户参军的寇准并没有意志消沉，他在雷州积极传播先进的中原文化。因为古越语方言不利沟通，他指导当地居民学习中州音；传授农业技术、兴修水利，开渠引水灌溉良田；向群众解说天文地理，力避邪说；同时还修建真武堂，收徒习文学艺，教书育人。对雷州文化尤其是精英文化的发展做了启蒙工作。传说寇准辞世后，寇夫人得朝廷恩准，扶灵柩回洛阳下窆。离去当天，雷州百姓倾城出动护送灵柩。灵车队伍到一渡口时，风雨大作，乡民怕水浸了灵柩，纷纷以手中所执竹杖插地护柩。次日，却见这些竹杖已生根发芽，蔚然成林，渡口遂称"寇竹渡"。传说实际上表达了雷州人民对寇准的崇敬。

苏轼（1037—1101 年），四川眉山县人，北宋文学家、书画家、翰林学士。因统治集团的内部斗争，他被一贬再贬。南贬经雷州，虽时间短暂，留下的作品不多，但苏轼的文风气节成为雷州人民永不枯竭的精神力量，对雷州文化的发展产生了极其深远的影响。在雷州半岛流传着许许多多关于苏轼的传说，是雷州文化中光辉灿烂的篇章。可以说，苏轼不是仅仅途次雷州半岛，而是在雷州半岛进行了一次泽被深远的文化耕耘，普降了一场文化甘霖。苏轼在雷州半岛踩下的每一个脚印，都是文化耕耘，都发酵出文化的醇酒，芳香四溢，余味悠长。此后的雷州半岛在文化上掀起的苏轼光风，骀荡千年。苏轼不仅是雷州人民的精神力量，还是雷州人民进行文化创作的触媒。围绕苏轼，雷州人进行了丰富多彩的文化创造，附会出许许多多的传说故事，装饰着雷州半岛的文化园地，表达着雷州居民对文化的尊崇、敬仰和潜在的渴求。苏轼的文化影响源自个人品格和文化魅力，而非源自族属和职位。苏轼在雷州半岛具体从事的文化工作，远远不如十贤中的寇准，但其文化影响，是其中任何一位都难以比拟的。如前所述，文化是创造，创造是不需要事实依据的；科学是发现，发现是要有事实依据的。这就是文化的神奇之处。秦皇汉武，开疆拓土，流血漂杵，其功绩是血腥的，所以土著的反抗连绵不绝。而苏轼只是在雷州半岛挥一挥衣袖，便日月光华，普照人心。如果说，两伏波的神化，一半来自民间对英雄不由自主的敬畏，另一半则来自官府神道设教的深谋远虑。而苏轼的神化完全来自不由自主、发自内心的喜悦和敬仰。因为苏轼是文化天使，浑身闪烁着文化的灵光。

苏辙（1039—1112 年），四川省眉山县人，北宋著名文学家。因上书反对时政，被贬官到雷州。在雷州读书著述，留下不少佳作。在雷州为官期间，热爱雷州山水和人民，雷州人民为感谢苏轼与苏辙兄弟之德，建一座小楼供二苏读书避暑。

秦观与苏轼不同，苏轼开朗达观，秦观则多愁善感。苏轼两次经过雷州，留下的作品不多，但谈及雷州，绝无消沉情绪。如他在给章援的信中写道："海康风土不甚恶，寒热皆适中，舶到时四方物多有。"而秦观则写了《自作挽词》，设想自己死在雷州之后的种种场景："……官来录我橐，吏来验我尸……殡宫生苍藓，纸钱挂空枝。无人设薄奠，谁与饭黄缁。亦无挽歌者，空有挽歌辞"。读来让人潸然泪下。

李纲（1083—1140 年），福建邵武人，著名政治家，南宋第一任宰相。任相期间极力主张抗金，反对议和，遭罢免。宋建炎三年（公元1129 年），丞相李纲被贬海南，途经广东雷州，受湖光岩"楞严寺"当时的长老释琼之邀（两人既是福建同乡，又是京师同窗），到雷州府遂溪县的湖光岩一游。夜观湖光山色，李纲情不自禁即席挥写"湖光岩"，后刻于白云岩上。"白云禅庵"一直香火不断，到了清代才更名"楞严寺"，"楞严"取自《楞严经》，迄今不变。路过雷州时，李纲曾寓居天宁寺。在雷州期间，写了20 多首诗歌，并留下《天宁寺留题》、《祭雷庙文》等若干篇文章，它们是雷州文化的瑰宝。

汤显祖（1550—1616 年），江西临川人，明代杰出剧作家、文学家，被誉为"东方的莎士比亚"，官至南京太常寺博士。生性刚直，目睹当时官僚腐败而上疏触犯明神宗，被贬为徐闻县添注典史。任内见徐闻"其地人轻生，不知礼仪"，与知县熊敏捐资创建贵生书院，著有《贵生书院说》、《明复说》等一批诗文，以"君子学道以爱人"为宗旨，宣扬"天地之性人为贵"，对当时社会教化、人才培养产生了深远的影响。

"十贤祠"位于今雷州市西湖北侧，始建于宋咸淳十年（公元1274年），是为纪念宋代丞相寇准、学士苏轼、侍郎苏辙、正字秦观、枢密王岩叟、正言任伯雨、丞相李纲、丞相赵鼎、参政李光、编修胡铨这十大名相贤臣修建的。他们人品高尚，正气凛然，学识渊博，政绩卓越。祠内还留有文天祥写的《雷州十贤堂记》，命名为"十贤"，表达雷州人民"敬贤如师、疾恶如仇"的精神品质。

　　唐宋之前,雷州半岛的精英文化尚未起步,文化形态还是原始的俚僚文化。先贤们逗留雷州半岛期间,开办书院,倡导教化,传播中原先进的文化、思想及生产技术,并写下了大量诗词文赋。他们为官做人的浩然正气和文化成就,对雷州半岛进行了一场文化启蒙,为孕育以陈瑸、陈昌齐、陈乔森为代表的一大批本地人才奠定了基础。我们从陈瑸、陈昌齐、陈乔森为官做人的品格就能看出十贤的深刻影响。所以,唐宋以降,雷州半岛人才辈出,尤其是清代,雷州本地人才群星灿烂,其中,有以清廉能干著称的政治家陈瑸,有学问渊博、刚直不阿的官员陈昌齐,有将书、画、诗、印融于一体的“岭南才子”陈乔森。

　　陈瑸(1656—1718年),字文焕,号眉川,海康县大埔社东湖村(今雷州市附城镇南田村)人。陈瑸自幼聪颖好学,力学经史、诸子百家。清康熙三十二年(公元1693年),乡试中举。康熙三十三年(公元1694年),考取进士,入翰林院。陈瑸历任福建古田知县,台湾知县、刑部主事、刑部员外郎、兵部郎中、四川提学道、台湾厦门兵备道、偏沅(湖南)巡抚、福建巡抚、署理闽浙总督等职,政绩斐然,广受赞誉。

　　陈瑸一生的功业主要在行政上,他为官二十年,所到之处,总以减轻民赋、推广教育、安定社会为要,所以深受当地百姓拥戴。尤其是在主政台湾期间,为台湾社会的稳定发展做出了突出的贡献,显示了陈瑸卓越的政治才干和为官品格。康熙四十一年(1702年),陈瑸到台湾任台湾知县(当时台湾未建省),当时清廷收复台湾不久,战乱始平,酷吏急敛暴征,民情多变,社会混乱。陈瑸深入民众,了解实情,采取一系列措施进行整治,“一禁加耗以苏民困,一禁酷刑以重民命,一禁馈送以肃官箴,一籴积谷以济民食,一置社仓以从民便,一崇节俭以惜民财,一先起运以清钱粮,一饬武备以实营伍,一隆书院以兴文教”。“革官庄,除酷吏,恤番民”,对少数民族一视同仁,台湾面貌一新。陈瑸前后主政台湾近十年,对台湾的开发治理、维护海疆安全做出重要贡献,成为清朝早期主政台湾影响最大、政绩最显著的官员,被人誉为“海疆治行第一”。

　　陈瑸著有《陈清端诗集》、《眉川集》。入仕途之前,陈瑸曾经在雷城设馆课童，为官期间，积极"建学设塾"、"兴学广教"，这些都是陈瑸在文化上的贡献。但陈瑸在文化上的最大贡献不在这些方面，而是在陈瑸言行所体现的精神和品格上：廉洁、勤政、爱民，这是陈瑸最大的文化贡献，是最珍贵的文化财富。

中国自古盛产的是投机钻营的政客，而有品格的政治家寥若晨星。但在一般官员这个层次，好的、有品格的官员还是有的。以勤政廉政为标准，我们可以把一般官员分为四类：又勤政又廉政、勤政不廉政、廉政不勤政、不勤政也不廉政。在如过江之鲫的历代官员中，勤政又廉政的官员，数量极为有限，勤政、廉政又能政的官员，更是凤毛麟角。宋代的包拯作为一个文化符号，广受欢迎，深入民心，是因为中国太缺少、太需要这样的人物。过去如此，即使到久远的将来，相信也是十分可贵的。一个地方能拥有一个这样的人物，不仅永远值得骄傲，也是一种珍贵的精神资源。雷州半岛是极为幸运的，拥有这样的人物。

陈瑸从知县到巡抚，为官二十载，清廉卓绝，一尘不染，与海瑞、丘浚并称为"岭南三大清官"。清人李桓编《同朝耆献类征初》，所选陈康棋《纪闻》中援引康熙的话，赞誉陈瑸是"天下第一清官"。陈瑸在《康熙五十四年十月疏》中描述当时官员腐败现象："一人入仕途，于饮食、衣服、器，皆备极华侈。多所费必多所取，方面取之有司，有司取之小民，朘削无已。"对此，陈瑸极为痛恨。针对时弊，他提出了"崇节俭"、"禁馈送"等建议。他认为："凡为民牧，宜安俭仆"。他认为，"贪官不在所取之多寡，取一钱即与取千百万金等，必一钱不取，方可谓之清廉"。官庄岁入，"悉以归公，秋毫不染"。他二十余年孑身在外，无论职位高低，始终过着简朴的生活，平日节衣缩食，"官厨惟进瓜蔬"，俸禄都用在解救民生疾苦上。陈瑸任台湾道期间，"未尝延幕僚，案牍胥自任，仆从一、二人"（台湾苏瑸《陈瑸公传》）。他将节省下来的衙门公费甚至自己的俸银用于纾解民困和一些公事上。康熙四十九年（1710年）陈瑸调福建厦门兵备道，按例应得公费银三万两，他概悉屏不取，全部归公，用于修筑炮台，巩固边防。康熙五十四年（1715年）冬，闽浙总督入京，陈瑸暂兼总督事，奉命巡海，他自带行粮，摒绝沿途供顿，同时把所属公费一万五千两拨充公响，用于地方事业。治理台湾期间还曾将应得的俸银三万两捐以修理炮台等公事。康熙在见过陈瑸之后曾对群臣说："朕昨日召见陈瑸，细察其举动言行，确系清官。以海滨务农之人，非世家大族，又无门生旧故，而天下之人，莫不知其清，非有实行，岂能如此！国家得此等人，实为祥瑞。"

因为家乡雷州半岛东洋塘的万顷良田常受台风海潮的冲击，乡民深受其害。陈瑸多次请求官府修治，后来康熙下诏整治，拨款修筑海堤，陈瑸担心公款不敷支出，便把自己在巡抚任内俭积下来的俸银五千两，解交粤省督臣转送到海康以补充筑堤费用。

陈瑸为官二十年如一日，勤躬政事，他每天"起居一厅事，昧爽治事，夜分乃罢"。一切政事，他都亲力亲为。《海康县志》记载他自仕古田始，近二十年时间，"所有案牍皆手自经理，未尝延至幕客"，《台湾通史》也记载他擢偏沅巡抚时，"一切文移，尽出己手"。而且经常深入民众，询访疾苦，还常微服暗访，了解民情，解抒民困。在古田他单骑履田勘察，减轻百姓田赋；在台湾他"夜日巡行，询父老疾苦，闻织读声，则叩门入见，重予奖赏"，以奖励百姓勤于耕织，发展经济。康熙五十三年（1714年），台湾诸罗知县周钟宣上书闽浙总督觉罗满保，请求豁减诸罗等县的社饷。时陈瑸正居台湾厦门道任上，即提议酌减，并饬南北通事，招待生番，使南路山猪毛等十社、北路岸里等五社凡四千七百五十三人请求内附。为了更好地安抚少数民族人民，陈瑸"自持糗粮，率从仆数人，北巡至淡水，夜宿村舍，询诸番疾苦，见者叹息"。他从台厦道离任时，台民夹道五十里设香案相送，还撰刻《台厦兵备道陈公去思碑》，赞颂他廉能公忠，美政相续，使"台民乐乐利利于尧天舜日之中"。

在台湾，陈瑸针对时弊采取革除"水丁"旧例，开监释放 300 名无辜囚犯等措施，被传为佳话，台湾人民尊其为"万家活佛"、"陈青天"，咸歌于道。康熙五十三年（1714年）十二月，陈瑸升任偏沅（湖南）巡抚。当他了解到湘潭知县王爰溱肆意盘剥百姓，横征暴敛，百姓怨声载道时，立即上疏弹劾罢免王爰溱的官职，对徇私庇护的长沙知府薛琳声也予降职三级。他针对湖南的实际情况，提出十条廉政恤民施政规定，实行禁酷刑，绝送礼，兴文教，饬武备，深受地方民众的拥戴。

康熙五十七年（1718年）八月，陈瑸积劳成疾，卒于闽浙总督任内，享年62岁。临终时"只一绨袍，覆以布衾而已"，却留下遗疏：一是对其后事要薄殓俭办；二是将其在福建巡抚任上应得的俸银一万三千四百余两，全部解送京师，捐入国库，用以兴建沿海炮台，作为巩固西北边防之用。

陈瑸逝世后，福建官民不胜哀悼，台湾民众感其恩德，以每人一把米的捐献方式，集资在府学之侧为其建庙立碑，俗称"把米庙"，还专派工匠渡海赴福州瞻仰陈瑸遗容，并为其塑像，雕刻其真貌。《粤屑录》（刘世馨）中是这样记载的："祠内所塑像，是自台湾附海送舶来者。闻百姓塑公像二，一留台，一还雷。塑像时百姓环集数公须若干，茎其黑白长短，皆百姓如式自镊已须，交塑匠共成之。非甚德盛，孰能如斯！"

陈瑸病逝后，康熙帝告谕廷臣道："陈瑸居官甚优，操守极清，朕亦见有清官，然如伊者，朕实未见，即从古清臣，亦未必有如伊者。"清廷笃念贤劳，追授礼部尚书、赐国葬、谥清端等（清一代获清端者仅六人）。按照尚书的殡葬待遇，陈瑸的灵柩从福州运回故乡雷州府海康县，安葬在县城八里的洋洋。

陈瑸是封建社会的循吏代表，文化上属于忠孝典范，是儒家文化忠实的信奉者和躬行者，一生清正廉洁，兢兢业业，纾民困，解倒悬，情操刻苦，高风亮节，令人仰止。陈瑸为官的精神节操具有极大的文化价值和现实意义。

典籍是精英文化的结晶，是精英文化传承的主要载体。雷州先贤的共同特点是"仕不忘儒"，"仕不废儒"，他们留下了丰富的文献典籍。有人统计，仅仅遂溪一地清代以前的著作就约有三十种。如果说陈瑸对雷州文化的贡献首先体现为人格的精神品质，其次才是著述，那么陈昌齐、丁宗洛和陈乔森等人对雷州文化的贡献则更多地体现为文化创造与传播本身，其次才是为官做人的精神品质。

陈昌齐（1743—1820年），字宾臣，号观楼。清乾隆八年（1743年），他出生于海康县南田村（今属雷州市调风镇）一个破落的"书香门第"，祖父和父亲都得到朝廷的赠官为中宪大夫（文散官，清代为正四品）。陈昌齐在文化上有极高的成就，可以视为雷州半岛的文化人物。在文化上，陈昌齐经历了一个在雷、脱雷、归雷的过程。昌齐幼年，家境贫寒。聪颖好学，过目成诵，对十三经能倒背如流，有"神童"之称。乾隆三十五年（1770 年），他参加乡试，考中举人，第二年考中进士。乾隆三十七年（1772 年），他被朝廷任为翰林院编修，在"三通馆"负责《永乐大典》地理方面的勘校。地志繁杂，他做了大量的考辨工作，时人称他"最精地理之学"。他还在"四库馆"参加《四库全书》的编校，前后共 20 年。他"于书，无所不读；于学，无所不精"。他博览群书，经史子集，滚瓜烂熟；文学、语言、音韵、考据，他造诣高深；天文、地理、历算、医药、政法、赋税以至百家方技，他都样样精通，可谓"通才"。他知识渊博，才华横溢，著作等身。当时有人称他是广东的"景星庆云"、"凤凰芝草"。他是我国清朝乾嘉年间的著名学者，是蜚声文坛科苑的语言文学家、天文学家、地理学家和医学家。哲学家、天算学家戴震对陈昌齐的数学成就大为赞许，称"学我算法而能精通者，只有陈昌齐一人而已"！陈昌齐曾读过戴震所注的《水经注》原版书稿，为之指正多处，戴震诚服。著名音韵学家、训诂学家王念孙让儿子王引之去拜见陈昌齐，与陈昌齐讨论《大戴礼记》。后王引之对陈昌齐的博学深为叹服。

嘉庆十四年（1809 年）七月十一日，陈昌齐辞官，嘉庆十五年（1810 年）八月，回到雷州。应雷州绅民的聘请，陈昌齐不顾年老体弱出任《雷州府志》总纂总校工作，兼掌雷阳书院讲席。次年九月，府志成书，又应海康父老之请，编纂《海康县志》。县志尚未全部脱稿，嘉庆二十一年（1816 年）七月，两广总督阮元来雷州视察，亲自登门聘请陈昌齐到广州主持粤秀书院，兼修《广东通志》。陈昌齐先后在粤秀书院和雷阳书院任教十多年，从学者数百。他授课论文，旁征博引，务求实学实证；对上门求教的门生随问随答，谆谆诲人，终日不倦；立品笃行，为人师表，深受学生敬重。嘉庆二十四年（1819 年）十月，《广东通志》编成，陈昌齐离开广州回雷州故里。第二年十二月二日病逝，享年 78 岁。他留下的著作有《历代音韵流变考》、《经典释文附录》、《楚辞音辨》、《淮南子考证》、《大戴礼考证》、《管子考证》、《荀子考证》、《吕氏春秋正误》、《赐书堂集》、《临池琐语》、《天学脞说》、《测天约术》、《天学纂要》、《地理书钞》等。未刊印被火焚的书稿有《朱子论仁奥旨》、《二十子正误》等五十多卷。

陈昌齐为人正派，为官清廉，所任之地，颇有政声。有一则故事，颇能说明陈昌齐的人格操守。陈昌齐入翰林当京官之后，他出生的南田村想借陈昌齐这个京官之权势来压服结怨已久的禄切村。陈昌齐闻知后，立即写信回村，规劝村中父老乡亲处事要识大体，大村欺负小村固然不对，小村恃官势报复大村，亦欠妥。两村只有世世代代和睦相处下去，才是长久之计，"有千年'禄切'，无百载'观楼'！"两村人为之感动。从此，两村和解，后世传为美谈。

丁宗洛也是雷州半岛历史名人的杰出代表。丁宗洛（1771—1841年），字正叔，号瑶泉，海康县调铭村（今属雷州市调风镇）人。清乾隆三十六年（1771年），他出生于一个从高祖到父辈都是读书人的书香世家。清嘉庆十三年（1808年），他考中戊辰恩科举人，先后做过（顺天榜）试用训导，山东昌邑、乐陵、曲阜等县的知县。嘉庆二十四年（1819年）选授山东省济宁州（直隶州）州同。他生活简朴，勤政爱民，平日"俭朴如布衣"，当官后还是"旧袍古帽"。他曾书一隶书对联"吏民莫作长官看，法律要与诗书通"贴于衙署门口，足见其为官做人的态度。丁宗洛曾经把雷州祖上留下的 100 亩田卖掉，救济济宁灾民。

丁宗洛嗜好读书、著书，"醇谨如耆儒"，居室"旧书满颓案，法帖文墨狼籍"。为宦二十多年，从不荒废研究学问。他致力于《逸周书》的研究，历十余年，四易其稿，最后写成 20 多万字的《逸周书管笺》十六卷。此书补缺、纠谬、订讹，多有创见，时人评价甚高，认为此书可同《周书》"并重天下"。丁宗洛特别重视家乡的文化事业，在山东任知县和州同时，就不遗余力地搜集雷州家乡先贤的事迹、诗文。从清嘉庆二十二年（1817年）开始，用了六年时间，广搜博采有关陈瑸的生平事迹，编辑、出版了《陈清端公年谱》二卷、《陈清端公诗集》八卷。这是两部颇有价值和影响的书。他还用三十多年的工夫，增订陈昌齐编纂的《雷州府志》，最终修成《增订雷州府志》一书，附有《雷阳黎献集》。

作为学者，丁宗洛一生著作等身。除上述所著书外，还著有《大戴礼管笺》十三卷、《五经经义》、《四书余义》、《古今外志》、《连阳丛话》、《连阳余闻》、《挥汗录》、《不负斋文集》、《一桂轩诗钞》、《梦陆君诗稿》、《梦陆君诗话》、《梦陆君拙词》、《学隶说》等。

清道光二十一年（1841 年）十一月，丁宗洛病逝于济宁官署，享年71 岁。葬于济宁州城北门外季家庄的赵村。

陈乔森（1835—1905 年），原名桂林，字一山，号逸山、颐山，笔名木公、擎雷山农（人）。清道光十五年（1835 年）出生于遂溪县椹川乡（今湛江市东海岛东山镇后边村）。祖籍乾塘，曾居麻章、赤坎南岭。清光绪元年（1875 年）从东海岛迁往雷州府城（即雷城）东门外北隅，筑居所为"亭榕垞"。他因受当过清兵的父亲的影响，"好驰马试剑"，"年二十始折节读书"，改武从文。清咸丰七年（1857 年），广东学使殷寿彭巡视雷州，主考院试。应院试生员陈乔森所作《拟潘安仁秋兴赋》，措词古雅，含蕴八代。令"学使异之"，"咤为殊才"。当时正值七夕招饮，陈乔森即席作《拟柳子厚乞巧文》，洋洋数千言，援笔立就，洒脱、自然，名声"遍传于市"。咸丰十一年（1861 年），他赴穗（广州）参加秋闱考试，中了举人，官户部主事，但多次会试都名落孙山。

陈乔森对诗书画的造诣甚深，三者能浑融一体，是著名的书画家。作画多以芦蟹为题材，光绪十八年（1892 年），他用手指泼墨作的《芦蟹图》尤为著名。他所作的《湖塘村居图》、《玉河秋泛图》（1871 年）、《游庐山图》、《松》、《梅》、《菊》、《竹》（1899—1900 年），画技都十分高超。为诗文甚有豪气。他给遂良书院的题联是："千秋盛业直破天荒，看椹水豪山是如何气象；一邑文风即关圣治，有吏才经术始不负科名。"

古书院是精英文化的摇篮。雷州本土先贤都非常重视书院教育活动。无论是陈瑸，还是陈昌齐、陈乔森，都是如此。陈昌齐、陈乔森都有突出贡献。陈乔森回雷后致力于地方教育，主讲雷阳书院三十多年，培养学子不遗余力，对雷州人才培养和文化发展贡献极大。但他对自己的作品却不在意，所以散失尤多。他的学生宋鑫曾多次求其诗文辑集付印，他却大笑了之："千秋万岁名，寂寞身后事。"

光绪三十一年（1905年），陈乔森病逝于家中，享年70岁（一说73岁）。他的生前好友、湖北的杨守敬写了一副挽联："五百年名世挺出，君故不死；八千里知交零落，我独何堪?"此联刻于陈乔森墓碑两旁，至今犹存。

宋鑫在老师陈乔森死后，广搜精辑其诗文，编成并出版了《海客诗文杂存》五卷和《亭榕垞诗钞》。解放前后出版的《七十二年来广东名人录》、《中国书法家辞典》和《中国美术家辞典》都有陈乔森的小传。

历史名人在文化上的贡献，其外在形式主要体现在先贤人格品质及其著作当中。如"雷祖"陈文玉、寇准等"十贤"，"清官"陈瑸、林召棠等历史名人，在半岛文化区之所以被奉为名人，是因为在他们的身上体现了，同时也被赋予了半岛文化区的精神追求。以宋代真武堂、元代海康学宫、明代雷阳书院、清末民初贡院等古代书院为依托的纯粹的文化活动，是培育精英文化的摇篮，也是精神文化层面的重要构成部分和重要体现。

据史料记载，宋代以降，雷州文风盛行，古代书院成为雷州文化的一大景观，代表性的古书院主要有宋代真武堂、浚元书院，元代海康学宫，明代雷阳书院、贵生书院、"应星书室"等。宋代寇准被贬雷州后办起真武堂传授中原正音，宋庆历四年（1044年）始建雷州府学宫，南宋咸淳八年（1273年）在西湖岸滨始建莱泉书院，元至顺三年（1332年）创建海康学宫，清崇祯九年（1636年）又办起雷阳书院。雷阳书院成为广东六大书院之一，与广雅、端溪、越秀、越华、五羊并称，史书记载清末民初的雷城就有书院学社16所，雷州府设有贡院。

雷州书院之风从明代大兴。明正德十一年（1516年）办怀坡书院，嘉靖十三年（1535年）办崇文书院，万历三十年（1602年）办文会书院，崇祯九年（1636年）办雷阳书院。各书院互相学习，竞相发展，形成非常生动的局面。雷阳书院吸取众书院之所长，后来居上，成为雷州府的最高学府。书院从雷州三属（指海康、遂溪、徐闻三县）选拔优秀学子聚于院内学习。院长称山长，聘请学问渊博，品德优良的学者为师长。雷阳书院最后一届山长是郡人举人陈乔森。他主讲雷阳书院近三十年，从学者数百人。由于是最高学府，学子就学踊跃，"雷士之肆业于兹者，皆宁静不

佻，勤学不息"。后雷阳书院成了广东省雷州师范学校，1978 年，广东省
人民政府将雷州师范学校升级为雷州师专，后又提升为湛江师院。它的前
身雷阳书院乃至省立雷师，历史功绩不可没，在不同时期为雷州半岛培养
了不少人才。特别是省立雷师是雷州半岛革命摇篮，为抗日战争和解放战
争培养了不少坚强骨干，他们之中有许多为国捐躯，成为烈士名垂青史。

"应星书室"座落于雷城镇苏楼巷 005 号，是三世祖陈瑾公创建。清
朝进土陈昌齐幼年在此读书，中进士后，亲笔题写"应星书室"四个大字
悬于门口。追溯起来，"应星书室"是四百年前兴建的历史民居，是雷州
府城唯一保存下来的"书室"，有珍贵的历史文化价值。

雷州文化中的精英文化还包括以名人文化遗存如故居、墓葬等为载体
的文化。名人故居如陈瑸故居、陈昌齐故居等。

在雷州半岛的历史名人行列中，非常值得研究的还有两个重要人物，
一个是陈文玉，一个是冼夫人。在历史上，隋唐是我国封建社会的鼎盛时
期，强大的政治经济力量和先进的文化，对周边各少数民族以及周边国家
都有强大的吸附力，传说中的陈文玉被安排诞生在这个时代，真实历史人
物冼夫人也生活在这个时代。

已经有专家考证，陈文玉实际上明清时期虚构出来的历史人物。但在
雷州文化中是纪元性的人物，在雷州半岛具有人文始祖的尊崇地位，是本
土文化最深厚的渊源，被奉为雷神、雷祖，供奉陈文玉的雷祖庙在雷州有
三十多所。地方志书记载，雷祖，原名陈文玉，南朝时期陈宣帝太建二年
（公元 570 年）生于齐康郡的英灵村（今雷州市榜山村）。唐贞观五年（公
元 631 年），唐太宗诏任陈文玉为东合州刺史。雷祖在雷州主政八年，使
雷州各民族和睦相处，社会安定，人民安居乐业。后来，在筑建雷城完工
之时羽化升天。因此，雷州民众，不分民族、姓氏，皆尊陈文玉为祖——
"天南一祖"。雷祖于唐贞观十二年（公元 638 年）仙逝，唐贞观十六年
（公元 642 年），唐王朝诰封雷祖为"雷震王"，并赐庙立祀。历代王朝先
后 14 次对其大加褒封：唐太宗褒封他为"雷震王"；宋朝被封为"威德昭
显王"，是天下雷神之王，清乾隆皇帝褒封为"宣威布德之神"，并赐御匾
"茂时育物"。千百年来，雷民世代相传，崇敬雷祖，颂扬雷祖。随着封建

王朝屡加诰封雷祖，官吏，文人，高僧随之到雷祖庙（祠）参谒朝拜、瞻仰观光。题诗，撰联，著文，并将雷祖的神奇传说整理成文。在民间和官府合力互动中，形成了内涵丰富多彩的雷祖文化，并向其他一系列文化渗透，或者衍生出新的文化。2007 年，陈文玉又入选"南粤先贤"和"广东历史文化名人"。

冼夫人是岭南俚人的领袖，生活在梁、陈、隋三代，她是高凉人，嫁给高凉太守冯宝，曾说服丈夫帮助陈霸先平定侯景叛乱，后来又帮助朝廷平定广州刺史欧阳纥的叛乱，促使广东境内汉族和少数民族和解，劝说海南岛的少数民族部落归顺朝廷。隋朝建立后，她又帮助朝廷平定王仲宣的叛乱。当广州总管赵讷贪财残暴、祸害百姓时，她又派出使者直接向隋文帝告发赵讷，隋文帝查知实情，处死赵讷后，封冼夫人为谯国夫人，派她安抚岭南各族人民。冼夫人一生致力于民族团结、国家统一，在她的言传身教之下，其儿孙也都成为维护国家统一和社会安定的中坚力量。冼夫人之孙冯盎曾任隋朝的高州刺史，隋亡后冯盎领有广东、广西、海南岛数千里土地，有人劝他自封为南越王，他坚决不肯。唐高祖武德间冯盎以岭南二十州土地归唐，高祖任命冯盎为上柱国、高州总管、封越国公。由于冼夫人和她的子孙们的努力，岭南地方安定、百姓乐业。粤西尤其是海南岛建有很多冼夫人庙，纪念这位为岭南安定做出杰出贡献的人物。雷州半岛也有，但数量和规格远不如雷祖庙。

这种文化现象颇值得思考。在雷州半岛，冼夫人的知名度和受到的膜拜远远不及陈文玉，原因是什么呢？冼夫人是少数民族的首领，得到少数民族的尊崇。但今天居住在雷州半岛的居民是后来迁入的汉民族，他们与冼夫人既有历史时代的隔膜，也有族群的隔膜。也许与此不无关系。

三　物质文化遗产与非物质文化遗产

文化遗产是全面了解、理解、掌握传统文化的立足点，联合国教科文组织把文化遗产分为物质文化遗产和非物质文化遗产。半岛文化区经过两千多年的历史积淀，积累了丰富的文化内涵，既有大量的物质文化，也有大量的非物质文化。

我们说的物质文化，指的是以实用器物为载体的文化；非物质文化则是指主要以人的行为为载体的文化。

雷州文化中物质文化包括古器具、古遗址、古墓葬、古建筑、以及古民居（村落）等。这是雷州文化历史发展的见证，是雷州文化区历史文明的遗珍。著名的古文化遗址有华丰岭新石器遗址、石头堰山岗遗址、英楼岭山岗遗址、鲤鱼墩贝丘遗址、丰背山岗遗址、梧山岭贝丘遗址、汉代徐闻港遗址、公益古窑群遗址，以及罗州古城、珍珠古城、"同安"古城堡、白鸽寨等古城寨遗址，等等。历史文化名城、名镇、名村，以及历史名人故居，有粤西唯一的"国家历史文化名城"的雷州市、"国家历史文化名镇"吴川市吴阳镇、"国家历史文化名村"雷州市的潮溪村、东林村。此外，邦塘村被评为"中国最古老村庄"，雷州英利镇也是著名的文化古镇。

由于非物质文化的活态性，一个地域的文化容易失传，需要给予高度重视。半岛文化区的非物质文化遗产丰富多样、特色鲜明、品位卓绝。近年来，湛江市的非物质文化遗产保护工作在市政府和市文化主管部门的关怀和重视下，在市非物质文化遗产保护中心具体的组织、实施和指导下，已在全省、全国乃至海外享有盛名，取得的成绩有目共睹，1988年东海人龙舞、廉江舞鹰雄就已代表湛江市参加广东省首届民间艺术欢乐节，轰动全场，震惊中外游客。同时，"东海人龙舞"、"廉江舞鹰雄"、"吴川舞貔貅"、"湛江傩舞"等9个项目入选《中国民族民间舞蹈集成　广东卷》，至1997年，广东省文化厅先后二批命名的"广东省民族民间艺术之乡"，吴川市黄坡镇的"飘色"、"泥塑"，廉江市新华镇的"舞鹰雄"、营仔镇的木偶白戏，雷州市的雷剧，东海岛的人龙舞均榜上有名。2000年吴川市梅菉镇因"飘色"、"泥塑"被命名为"中国民间艺术之乡"。2003年遂溪县被中国民间文艺家协会命名为"中国醒狮之乡"。2004年，雷州石狗被批准为第二批"中国民族民间文化保护工程专业性试点"项目。2006年，湛江市的"遂溪醒狮"、"东海人龙"被列入首批国家级非物质文化遗产名录，廉江"舞鹰雄"、"雷州石狗"、"雷州姑娘歌"、"吴川飘色"被列入首批省级非物质文化遗产名录。2007年，"粤西白戏"、"安铺八音"、"调顺网龙"、"硇洲津前天后宫"等九个项目被列入湛江市第一批非物质文化遗产名录，其中吴川"泥塑"、麻章"麒麟村爬刀梯"、"湛江傩舞"、"雷州歌"被列入第二批省级非物质文化遗产名录。现廉江"舞鹰雄"、吴川"飘色"、"雷州石狗"、"湛江傩舞"、"雷州歌"、麻章"麒麟村爬刀梯"正申报第二批国家级非物质文化遗产名录。

"非物文化"丰富多彩、具有鲜明地方特色的民间文化艺术是湛江非物质文化遗产的重要组成部分。如有"东方一绝"之称的东海人龙舞和草龙、网龙、彩龙、公母龙、火龙、高跷龙、簕古龙、竞技龙等组成的"龙之家族"；在被誉为"中国醒狮之乡"、扬威海内外的遂溪有传统南狮、凳桩、高桩、高杆的单狮、双狮、火狮、群狮；有集武术、舞蹈于一体的廉江"舞鹰雄"；有反映从"图腾崇拜"、"守护灵神"到"司仪宠物"，并享有"南方兵马俑"之誉的"雷州石狗"；有被称为"舞蹈活化石"的麻章"考兵"、吴川"舞二真"、"舞六将"、雷州"走清将"等"傩舞系列"；在被国家文化部命名为"中国民间艺术之乡"的吴川，有"飘色"、"泥塑"、"陶鼓舞"、"舞貔貅叠罗汉"，以及颇具传统特色的南派粤剧、地方雷剧、粤西白戏、雷州姑娘歌、木鱼腔、哎歌、山水谣、安铺八音等民间戏剧与曲种。据不完全统计，湛江的民间艺术共有九大类，一百多个品种。

截至 2008 年底，湛江非物质文化遗产项目共 29 项。其中国家级 6项，分别是：东海岛人龙舞、遂溪醒狮、雷州石狗、雷州歌、吴川飘色、湛江傩舞。省级 5 项，分别是：廉江舞鹰雄、吴川泥塑、麻章傩舞"考兵"，麻章"爬刀梯"，雷州姑娘歌。市级 18 项，分别是：雷州乌石蜈蚣舞、雷州沈塘人龙舞、雷祖文化、雷剧、雷州穿令箭、雷州翻棘床（滚刺床）、廉江白戏、雷州音乐、雷州下火海、赤坎簕古龙、雷州方言、番鬼托梁、坡头罗侯王庙庙会、坡头山歌、徐闻阵式藤牌功班舞、安铺八音、赤坎调顺岛网龙舞、硇洲津前天后庙会。

很多项目前文已有详细介绍，在此不赘。

这里需要指出的是，把文化分为物质文化和非物质文化，是不周全的。如前所述，物质文化以实用器物为载体，非物质文化主要以人的行为为载体，实际上，还存在一种文化载体，它既不是实用器物，也不是人的行为，而是纯粹的媒介，如竹木简、典籍、石刻、玉雕等所用的物质材料，都是专门用来承载文化的。所以我们称它为纯媒介。雷州半岛的石狗第一次申报国家非物质遗产时，因为专家难以界定石狗属于物质文化还是非物质文化而搁浅。其实，石狗既不属于物质文化，也不属于非物质文化，它是纯媒介文化。

通过上述分析，我们可以看到，在雷州文化的内部结构中，物质文化和民间文化是主体，占有突出地位，精英文化不断增长，但直到明清才形成一定的群体效应。明清时期雷州半岛出现一批进士，多数在精英文化创造、传播和发展上有直接贡献。载体上开始出现著作，内涵上忠孝文化构建完成，陈文玉、陈瑸都是忠孝典型。但总体来讲，对雷州文化的研究起步晚，发展缓慢，在全国的影响力似显不足，与深入挖掘不够也有密切关系。

第六章 雷州文化的基本特征

地方文化研究是一个时代的热潮，这一热潮有着广阔深厚的社会背景。雷州文化研究也是一样。

20世纪80年代，在解放思想的大背景下，我国开始出现文化研究的热潮，地方文化研究也走上了前台。2000年以后，作为综合国力不可或缺的一部分和一种软实力的表现，文化建设逐渐进入国家战略层面，2011年10月，党的十七届六中全会提出"建设社会主义文化强国"的发展战略，2012年，"文化强省"、"文化强市"、"推动文化产业尽快成为新的支柱产业"成为全国各地共同的热词。广东省和雷州半岛所在湛江市也相继提出"文化强省"、"文化强市"战略。

2011年8月，中共中央政治局委员、省委书记汪洋在湛江调研时明确提出，要继承和发展雷州文化，打造广东地域文化品牌，用雷州文化充实和丰富岭南文化。8月9—11日，省文化厅厅长方健宏带队到达雷州，就雷州文化的保护与建设情况进行专题调研，并形成《省文化厅保护发展雷州文化的若干建议和措施》。省文化厅经过调研认为，从雷州文化的特点、历史沿革以及发展现状来看，雷州文化应该明确定位为岭南文化的重要组成部分、中华文化大观园的一朵奇葩。它是广东省文化版图中不可或缺并具有独特魅力的重要文化区域，与广府文化、客家文化、潮汕文化一样，发挥着重要影响。应当着力把雷州打造为"天南文化重镇"和"广东文化名片"，推动形成重要的特色区域文化品牌，为粤西地区经济社会大发展大跨越提供有力的文化支撑，为广东建设文化强省和幸福广东增光添彩。

8月29日，省委书记汪洋在这份报告上作出重要批示：雷州文化是我省民系文化中历史最悠久的文化之一，应予以高度重视。

在政府的强力推动下，雷州文化作为岭南地区特色鲜明的一支地域文化，引起学术界、文化界、民间社会等各方面的高度关注，研究持续升温，研究组织不断多元化，研究成果不断涌现，雷州文化的宣传活动和研究活动也在各个层面频繁展开。雷州文化以新的姿态登上了学术舞台。

研究雷州文化，就要科学界定雷州文化。一代代的雷州半岛居民创造了多姿多彩的文化，如何对这一文化准确地加以界定，却不是一件容易的事情。

一 雷州文化的界定

在雷州文化研究的热潮中，什么是雷州文化，如何界定雷州文化，无可避免地成为研究者们思考的第一个问题。

余伟民先生和蔡平博士在《雷州文化研究述略及学术空间的拓展》一文中提出，"对雷州文化的界定，应当以与之相一致的雷州历史政区范围为基本观照视野，这一区域内的历代本土土著族群与外来移入族群的生活方式的总和，就是雷州文化。"[①]

我们认为，这一界定，基本上属于民族学或文化人类学的部门文化概念。研究的主体是族群，本体是生活方式的总和。但我们认为，仅仅把主体局限在族群的层次是不够的，容易忽略某些个体对雷州文化的贡献。比如流寓雷州的文人和被贬的官员，尽管人数不多，但对雷州文化的贡献是巨大的。如果硬把他们归属一个族群，显然有些牵强。他们既没有以族群的方式在雷州半岛出现，也没有以族群的方式在雷州半岛生活。他们都是以个体形式出现，而且生活时间非常短暂，长则几年，短暂十数天。把文化本体界定为生活方式的总和，存在的问题也很多。首先，生活方式本质上只是文化的载体，或者说对载体的综合概括，这里很显然存在着把载体

---

① 余伟民：《雷州文化研究述略及学术空间的拓展》，《雷州文化研究论集》，中国评论学术出版社 2013 年版，第 5 页。

形式与文化混为一谈的现象。其次，生活方式作为群体或个体的生活模式，它承载的只是全部文化中的比较稳定的文化层面，那些并不以生活方式的形式出现的个性意识，比如个别历史名人的特殊行为，就很难归为一种生活方式。比如陈文玉的白日升天，承载着丰富的文化内涵，但无论把它归入族群还是个人的生活方式，都有困难。如果硬把这些归入生活方式，就等于把生活中的一切现象均纳入了文化范畴，就意味着文化是"生活的总和"，就意味着"生活方式"等同于"生活"。而"生活方式"和"生活"显然是两个不同概念。《现代汉语规范词典》对"生活"的解释有两项，一项是"人和动物为了生存和发展而进行的各种活动"，另一项是"衣、食、住、行的状况"；对"生活方式"的解释是"一定社会制度下社会群体及个人在物质和文化生活方面各种活动形式和行为特征的总和。包括劳动方式、消费方式、社会交往方式、道德价值观念等"。① 可见生活方式是对生活中稳定的形式的一种概括。最后，顺便指出的一点是，"本土土著族群"之前加上"历代"两字也是多余的。但笔者比较认同的一点是，"雷州文化的界定，应当以与之相一致的雷州历史政区范围为基本观照视野"。

　　司徒尚纪先生在《雷州文化历史渊源、特质及其历史地位初探》一文中指出，"雷州文化泛指雷州半岛及受其影响周边地区的地域文化，它与潮汕文化、海南文化一起，构成作为岭南文化一个亚文化的福佬文化。"② 这一界定算不上严格意义上的概念，因为它仅仅指出了雷州文化的空间范围和雷州文化在岭南文化中的地位，对雷州文化的主体、载体均未提及，作为关键词的本体"文化"亦未作出具体解释。对于雷州文化的空间范围是否应该包括受雷州文化影响的周边地区，值得商榷。这里面存在两个难题，一是如何界定"影响"？二是如何界定"周边地区"？第一个问题，实际上就是如何确定影响的"标准"问题。历史上雷州半岛居住过俚、僚、

---

　　① 李行健：《现代汉语规范词典》，外语教学与研究出版社、语文出版社 2004 年版，第1165 页。
　　② 司徒尚纪：《雷州文化历史渊源、特质及其历史地位初探》，《雷州文化研究论集》，中国评论学术出版社 2013 年版，第 2 页。

侗、僮、苗、瑶、汉等多个民族，俚、僚、侗、僮、苗、瑶等少数民族后来迁徙散布在广西、海南等地区。他们都曾经是雷州文化的创造者，雷州文化的主人，后来又携带同样的文化基因到了上述地区，其范围远远超过雷州半岛，这种情况是否够得上"影响"这一标准？历史上高州和雷州曾经同属一个行政区划，两地文化相互渗透，而且著名的少数民族领袖洗夫人在历史上对两地和海南都有深刻的影响，有人甚至提出"高雷文化"这一概念，这种情况是否够得上"影响"的标准？关于第二个问题，司徒尚纪先生在文中并没有说明"周边地区"具体包括哪些地方，加以"影响"不易把握，所以"周边地区"也是模糊概念，大致范围难以确定。如果"影响"是以雷州话是主要方言为标准，可能更容易确定。但也有研究者有同样的看法。前广东炎黄文化研究会副会长祁峰先生就认为，"雷州文化应是泛指雷州半岛及受其影响的周边地区的地域文化。"

黄战老师在《论雷州半岛文化特色的形成及发展》一文中提出"雷州半岛文化"概念。黄老师指出，"雷州半岛文化就是雷州半岛人民改造、开发半岛的劳动和生活的真实反映"。[①] 在空间范围上，"雷州半岛文化"和我们所说的"雷州文化"是一致的，可以视为一个概念。但这一概念不足之处在于，第一，把文化的主体界定为"雷州半岛人民"，"人民"属于政治概念，不同的时代有不同的内涵，以"人民"界定雷州文化的主体，政治意味过浓，文化色彩不足，未能体现文化概念的本色；第二，把文化的本体界定为"改造、开发半岛的劳动和生活的真实反映"，"反映"一词意指文化属于意识性、精神性的东西，不是实物和实体，在一定程度上触及了文化的本质，这一点值得肯定。但是，"反映"之前冠以"真实"就很值得探讨。就文化的内涵而言，恰恰有一部分核心的东西，反映的不是真实的劳动和生活，或者与实际的劳动和生活关联十分稀少、脆弱。基督教的天堂，佛教的极乐世界，都是与人类的真实劳动和生活相对应的虚无。在雷州半岛，陈文玉诞生的故事，极富文化意义，但这种荒诞的想象

---

① 黄战：《论雷州半岛文化特色的形成及发展》，《雷州半岛的雷文化》，中国文史出版社2011年版，第79页。

与真实的"劳动和生活"几乎没什么关联。当然,这种"荒诞的想象"的确很真实地反映了"想象的荒诞"。但无论是"荒诞的想象"还是"想象的荒诞",都不是对"劳动和生活"的"真实反映"。此外,把文化本体界定为"反映",并没有说明文化本身是什么。

我们的界定与上述概念有很大不同。根据我们对文化的理解,我们认为,雷州文化是历史上雷州半岛居民外化于各种物质形式中的主观意识。这一概念包含以下几个要点。

第一,关于雷州文化的具体时空范围。

在空间上,雷州文化仅限于雷州半岛及周边以雷话为主要方言的地区,其地理范围包括今天的遂溪县、雷州市、徐闻县、湛江市区,以及吴川、廉江属于雷州半岛的部分。一方面是因为雷州半岛是一个相对独立的地理区域,同时在历史上又长期归属一个行政区划管理,从历史、地理两个方面看,都具有相对的稳定性。从主要文化特征上看,也同属于雷州话方言区。雷州半岛以外受雷州文化影响、辐射的地区,归入雷州文化的辐射区,其文化归入雷州文化的影响部分,而不必归入雷州文化的主体构成。迁入异地生活的原雷州半岛居民所吸收、所创造、所传播的文化,视不同情况,确定其归属。

任何一种文化都会有萌芽、成长、形成并走向成熟、转型并为新质文化涵纳的过程。而这一过程通常被视为一种文化在时间上的上下限。雷州文化的上限,即它的萌芽时期,可以追溯到远古。对此应该没有争议。但它的下限在哪里,即开始转型为新质文化的时限在哪里,还值得认真研究。笔者认为,抗日战争时期是雷州文化转型为新质文化的开端时期。一般认为雷州文化成熟于明清,清季中国社会遭遇数千年来未有之变局,在封建文化的母体中开始裂变出新质文化——资本主义文化,但是资本主义文化在中国始终未能一统天下,封建文化则始终占有半壁江山,甚至一支独大,直到新中国成立,它们一并被社会主义文化代替。岭南在西方资本主义的侵略中,虽然首当其冲,但在偏远的粤西,西方殖民主义势力也仅仅局限在广州湾,对雷州半岛广大农村的思想、文化并未产生深刻影响。中国自身的资本主义力量影响也十分有限。但到抗战时期,东南沿海地区失陷，难民不断涌入广州湾，人口剧增至 60 万，逃难而来的上海、广州、香港等地的大商人先后到广州湾开设商号，一时商贾云集，盛极天下。随着商业的迅速发展，金融也活跃起来，广东省银行首设办事处于赤坎。民族资产阶级开设了纺织、爆竹、机械、火柴、印刷等厂。各种新的经营方法被带进了广州湾。偏居西南的法国殖民地广州湾商业一度繁荣，资本主义文化明显增长，无产阶级文化也得到了迅速发展。以封建文化为主要质征的雷州文化，受到了多种异质文化的冲击，已经走到了演进为新质文化的前夜，到新中国成立基本为新质文化吸纳、融合、覆盖。雷州文化是历史上雷州半岛的文化，作为历史上的文化，是经过充分沉淀和定型了的文化，考虑到 1949 年中华人民共和国成立之后所形成的新型文化始终主导社会，其涉及的人物、事件尚处于活跃阶段，尚能对社会生活施加直接影响，所以本书把历史界定在远古到 1949 年新中国成立之前。

第二，关于雷州文化的主体。

多数研究者把雷州文化的主体界定为族群，并在族群的层面看待雷州文化。我们认为，雷州文化的主体是历史上曾经生活在雷州半岛的所有居民，流人，甚至过境者，只要对雷州文化产生了影响，我们就认为是雷州文化的主体。不再单纯地从雷州、雷府族群或民系的层次去观照雷州文化的主体。在文化创造上，个体先于群体。群体是个抽象的概念，群体文化首先源于个体的创造，最后归于个体承载。尽管大多数个体淹没在群体之中，但群体是由个体组成的，最终还要还原为个体才是真实的存在。龙应台先生在担任台北市文化局长时，曾经回答一个议员什么叫做文化。龙应台先生说："文化？它是随便一个人迎面走来，他的举手投足，他的一颦一笑，他的整体气质。"① 所以，我们更愿意从个体和群体两个角度去看待雷州文化的主体。

第三，关于雷州文化的本体。

雷州文化的本体就是雷州文化的内涵和外延。首先，我们把雷州文化

---

① 龙应台：《文化是什么？》，http://www.douban.com/group/topic/1183243/2006-08-19 10：17：20.［2014-4-8］。

的内涵界定为雷州居民外化的主观意识，是凝结于各种物质形式和各种物质活动的工具和成果，各种精神活动的工具和成果之中的思想观念、情感意志、理想愿望、思维方式等，不再笼统地称为生活方式或其总和。其次，在外延上，我们认为，雷州文化不仅仅包括本地居民，尤其是土著居民的"原创"文化，或以族群形式出现主体的"原创"文化，它包括所有流入、传入、入境雷州半岛的文化，凡是历史上雷州居民接收、接受、吸收、创造、形成的文化，都是雷州文化的构成部分。最后，我们把雷州半岛流出的文化，即雷州半岛以外受雷州文化影响的相关文化，归入雷州文化的影响部分，而不再纳入雷州文化的构成部分。

第四，关于雷州文化的载体。

在界定雷州文化的概念时，多数研究者基本不涉及雷州文化的载体形式，有些则直接把载体形式界定为文化本体。在这个问题上，我们还是坚持，载体就是载体，文化才是文化。我们把载体界定为一种物质形式，这种物质形式可以分为行为载体、器物载体、人造纯媒介物体，以及自然物。雷州文化的主要载体是行为，包括日常表情达意的言谈举止、生产消费活动、各种仪式活动、娱乐活动等，它们承载着丰富的文化内涵。最能集中体现文化特色的是生产消费活动、各种仪式活动，以及娱乐活动。比如农耕生活体现的农耕文化，祭雷仪式体现的信仰文化，姑娘歌体现的娱乐文化等。行为载体是一种瞬间即逝性的载体，不可保存。尽管行为载体可以通过模仿而传承，但因为今人非古人，主体不同，行为会有所变异，传输、外化、呈现的思想观念、情感意志和愿望追求等，变化也较大。行为的可模仿不可保存性，决定了我们无法直接从古人的行为中阅读其文化内涵。我们了解古人的行为及其文化，主要借助另外一种载体，这种载体就是古人的器物。器物载体包括衣食住行、生产劳动、仪式活动所使用的工具、用品、产品、建筑物等物理形态的客观存在物，及其残存、残留物。它们是雷州文化最主要的载体形式，也即是雷州文化得以保存的最主要的物质形式。人造纯媒介物体也是雷州文化重要的载体。纯媒介物体可以分为一般和特殊两大类，一般的如典籍的纸张，特殊的如石狗及其他雕塑所用的石料等。从今天的遗存看，后者远比前者的历史更悠久，也比前者更丰富。石狗已经成为雷州文化中特色文化的独特载体。自然物作为载体，在雷州文化中的地位不容忽视。但由于自然物的形态，未经人类改造，无"人迹"可寻，此外，不同时代的主体，又会赋予它不同的文化内涵，所以需要我们借助其他载体中的文化进行确认。比如作为自然现象的雷，在雷州文化中具有特殊的文化含义和地位，至于具体文化内涵是什么，则需要我们借助历史神话传说、民风民俗等加以认定。

二　雷州文化的基本性质与特征

在长期的历史发展过程中，依托独特的地理环境，以及相对稳定的历史沿革，以雷话为基本标志的区域文化逐步形成，成为岭南文化中独树一帜的亚地域文化。与岭南文化中的潮汕文化、客家文化、广府文化相比，雷州文化有鲜明的特点。第一，雷州文化的文化渊源更复杂。雷州半岛由于地缘关系，成为历史上土著文化、楚越文化、闽南文化、中原文化、广府文化、潮汕文化、客家文化以及外来文化的直接交汇地，进而形成了独特的雷州文化。第二，雷州半岛虽然三面环海，但雷州文化的海洋特色并不十分鲜明，相反，内向型的农耕文化始终占据着主导地位。作为农耕文化，雷州文化与中原农耕文化又有差别。由于受儒家文化的影响相对要小，所以，从形态上看，雷州文化是以农耕文化、民俗文化为主，渔猎文化、士宦文化或精英文化为辅的地域文化。第三，雷州文化原始质朴，民间文化丰富多彩，源远流长，极富特色，精英文化相对薄弱。第四，文化在历史的发展中多次出现断层。第一个断层出现在原始社会。目前在雷州半岛发现的 20 多处史前社会的遗址均属距今约五六千年的新石器时代，生活在这个时代的雷州居民从何而来？因为半岛至今未发现旧石器时代的遗址，所以，我们据现有材料推断，他们不大可能是雷州半岛土生土长的土著居民，而极有可能是最早的移民。但是，他们的祖先在旧石器时代生活在何处？我们无法搞清楚。因此，在旧石器时代的文化与新石器时代的文化之间，出现了断裂。第二次断裂出现在新石器时代的文化与俚僚文化之间。我们大体知道俚僚乃是古越人，但俚僚与新石器时代生活在雷州半岛的居民是何关系，至少目前难以找出牢靠的关联。第三次断裂在俚僚文化与隋唐以后的汉族主体的文化之间的断裂。崇狗的信仰与食狗的行为产生的巨大的冲突，是这次断裂最突出的表现。第四次断裂出现在 20 世纪 40 年代末。新中国成立之后，新质文化全面确立，以封建文化为主的历史传统文化遭到无情地涤荡和清除，新文化与旧文化之间出现了巨大的鸿沟。但在"文化大革命"中间又以更极端的形式借尸还魂。如果说，前三次断裂是源于主体变化，最后一次则完全是基于文化性质。当然这次断裂是全国性的，非独雷州半岛如此。而前三次尤其是第三次，极具地方特色，为其他区域文化所未有。

从总体上看，雷州文化具有原始质朴、民间文化占主导地位、文化历史分层明显等特征。

雷州文化产生于岭南地区。岭南地处我国南疆边陲，北为五岭阻隔，南被海洋包围，古代陆路交通极为不便，航海技术有限，明清时期又长期推行"海禁"政策，形成了岭南尤其是雷州半岛较为封闭的地理格局，在较长的时期内，失去了与中原文化和海外文化的交流渠道。在唐代之前，岭南文化尤其是雷州文化的发展极为缓慢，大大落后于中原内地的先进文化，导致岭南地区文风不盛，风俗奇异。唐以前的秦汉时期是雷州文化发展的一个重要时期，秦修灵渠、开庾岭，雷州半岛与中原的交流日益密切。中原文化随着屯军、贬官、移民进入岭南，进入雷州半岛，并在雷州文化的构成中占据一席之地。而航海技术的提高和海上丝绸之路的开辟，也密切了岭南与海外的关系，为雷州文化注入了海洋元素与发展动力。经过漫长的岁月，在这一区域逐步形成了既重农又渔猎、既封闭又开放、既保守又善变的雷州文化。超越性与功利性、丰富性与落后性、进取性与保守性、普泛性与独特性，民间性与精英性相互交织，是雷州文化突出的特征。

作为岭南文化的子文化，岭南文化所具有的特性与品质，在雷州文化中都可以找到相应的基因或要素。但是，由于雷州文化产生的具体地理环境是雷州半岛，所以雷州文化又有自身的特色和个性。

有专家把雷州文化的特点概括为以下几点：第一，雷州文化是朴素的。受自然、历史、政治、经济等因素的影响，它没有中原、江南文化的华美，但朴素的东西往往更真挚，更易于操作，人与神的距离更近。第二，雷州文化是强悍的。雷声雄浑、壮阔，像击鼓发出的声音，富于肌肉感，这些都是男性特征。闪电是尖锐的、耀眼的，这些似乎都是女性特征。所以出现雷公、电母的区别。强悍的文化来自对恶劣环境的斗争，来自对生存繁衍的执着，来自坚毅的人生态度。第三，雷州文化是彰显的。它极少含蓄、朦胧和婉约，总是直抒胸臆，昭示天下。石狗的造型具有典型意义。第四，雷州文化是个性解放的。它极少思想禁锢，不压制个性发展，富于创新精神。从地理上看，古雷州虽然遥远，但十分开放，先民可以出海前往异国他乡，对中原文明的进入也是敞开胸怀的。第五，雷州文化是崇尚进步的。从方言的变革、戏曲的发展以及生产工具的革新等可以看出雷文化对进步的追求。

还有人把雷州文化的特色概括为以下五个方面：第一，雷州文化与经济结合得比较紧密，具有重经济的品格；第二，雷州文化中的科技含量很高，具有重科技的品格；第三，雷州文化的审美形态十分明显，具有重精美的品格；第四，雷州文化很讲求圆融与和合，具有重和谐的品格；第五，雷州文化在发展的过程中善于博采众长，具有重吸纳的品格。此外，我们还指出，雷州文化具有重安逸的品格。"安逸"中的"清逸"成分有着"以出世的态度做入世的事业"的积极意义，但从总体上看，消极的一面是不可低估的。例如，由于雷州这个地方比较富裕，因而存在着所谓的"化外情结"，人们普遍不愿主动地到外地去冒风险、吃大苦、谋发展，等等。这样的归纳和提炼，对于我们在今后更自觉地发展雷州文化可能会具有一定的借鉴和引导作用。

这种概括不是没有一点道理，但似乎并未真正指出雷州文化的独特性在哪里，而且所谓的特点多属牵强附会，与其说是文化研究，不如说是文化创造。

任何一种地域文化都会混合着多重而又矛盾的特点，既顽强又脆弱，既野蛮又文明，既保守又开放，既独特又普泛，从而使文化具有坚硬和柔软的广泛适应性，否则，一种文化薪火相传、绵延不绝是很困难的。那么，该如何去概括一个地域文化的特点呢？要找出并说明它普遍的一面、主要的一面，同时要找出它独特的一面、矛盾的一面。人们在研究地域文化时，特别重视其独特的一面，事实上，任何独特都是以普泛为基础的，离开了普泛的基础，独特性往往是难以理喻的东西，而绝对的独特是不可理解的。

"中华文明在相当早的时候，包括它刚在萌生的过程中，便有了颇为广泛的分布。在考古学上，不少学者都在使用'龙山时代'这个词，这意味着从北方到南方很广大的范围里，多种文化都有其共同点。这种情况，也可比喻为形成了一个文化'场'，其范围之大在古代世界是罕与伦比的。我觉得，这个文化'场'正是后来夏、商、周三代时期统一国家的基础。"① 所以，我们不能忽略共性的一面，或者说，我们应该在重视共同性的前提下，总结雷州文化的个性特色。

相对落后是雷州半岛政治、经济、文化的主要历史特征。

我们认为，雷州文化的基本特性在于以下几点。

第一，守旧与创新。

雷州文化之所以成为岭南文化中一个占有重要地位的亚地域文化，最根本的原因在于它是独特的文化支系。这种独特性是封闭落后的产物，也是开拓创新的结果。

雷州文化的创始者，应该是生活在雷州半岛的原始社会的先民们，以及此后的俚、僚、黎等土著部落。他们最早在这块土地上生息繁衍。为了生存，他们要面对变幻莫测的海洋，要面对幽深的原始森林和遍地的荆棘，要面对随时袭来的猛兽、瘴毒和其他各种自然灾害，相对于他们手中简陋的工具，生存环境是极其恶劣的。他们靠着手中简陋的工具，刀耕火种，渔猎谋生，创造了半岛最早的物质文明，也创造了半岛最早的精神文化。他们创造的图腾文化，如石狗文化、雷神文化等，至今是半岛居民文化生活的组成部分。这些文化在全国、全世界都是独一无二的，其独创性，播下了雷州文化开拓性和创新性的基因。如果说开

---

① 李学勤：《走出疑古时代（修订本）》，辽宁大学出版社 1997 年版，第 45 页。

拓创新对雷州半岛早期的居民来说，是恶劣的环境因素使然，更多地体现为一种不自觉的文化行为，那么此后的居民秉承开拓进取的精神就不仅仅是环境使然，也非不自觉的行为，而是有目的、有计划的自觉的精神追求。

雷州文化形成的主要力量是移民。雷州半岛的移民主要是来自闽潮的汉民。移民背井离乡，犯难冒险，远入他乡，无论是生活所迫，还是其他原因，无不需要开拓创新的精神。否则，在完全陌生的环境中很难立足和生存。而来自闽潮的汉民在移出地已深受外来文化和移民文化的多重影响。闽潮地区与雷州半岛的相似之处是"山高皇帝远"，都游离在当时的政治和权威中心的边缘环境。唐宋以来，闽南人就冒风涛之险搏击海洋，开展对外贸易活动。宋元时期闽南人养成崇尚工商的习俗，到了明清时期，在海上亦商亦盗，但遭到封建政府的强力打压。由于闽南一带地瘠民稠，为养家糊口，自唐宋至明清，一批一批的闽南人远走他乡，或移民海外。地理环境与之具有相似性的雷州半岛，始终是他们移民的重要目的地。进入雷州半岛的闽南人实际已经形成了敢于冒险犯难、勇于开拓的自立进取精神。在长达数百年的移民历史上，源源不断的闽南移民，给雷州半岛输入了具有冒险精神、开拓精神、创新精神等带有海洋文化特色的闽潮文化。移出地文化的特色，移入地土著文化的特点，新的生活环境的需要，多种因素交汇、融合、发酵，使半岛文化区的文化具有了更加鲜明的开拓性和创新性。

但毋庸讳言，雷州半岛的地理环境始终处于远离全国和地方经济文化中心的边缘地区，经济文化长期处于落后状态，地理环境本身又具有某种封闭性，所以，雷州文化的守旧特点非常明显，先民们的原始宗教信仰和风俗习惯之所以能保持至今，跟这些因素不无关系。族群文化的落后性与独特性是紧密相连的。

第二，保守与开放。

雷州文化是由多种文化熔铸而成的独具特色的地域亚文化体系。历史上，不同的文化支系不断进入雷州半岛文化区。半岛文化区最早的居民是百越人，各部族都有不同的信仰和习俗，这些习俗相互吸纳和融合，形成了雷州文化的源头。而中原文化也在源源不断地输入。楚灭越后，楚子熊挥受命镇粤，在雷州开石城，建楚豁楼以表其界，带来了楚文化；秦平岭南设象郡，带来了秦文化；至汉代，西汉伏波将军路博德平粤，略地至雷，带来了汉文化。而自唐代以来，源源不断的闽潮移民带来了闽潮文化，唐宋的被贬官员带来了中原文化，和土著文化不断融合，构成了雷州文化最基础最核心的部分。此外，相邻区域的广府文化，近代殖民主义侵略带来的海外文化，以及其他文化，都对雷州文化产生了不同程度的影响。

所以在雷州文化的形成过程中，雷州文化表现出较强的开放性、兼容性。一方面，雷州半岛长期处于落后状态，形成了较大的文化注入空间；另一方面，雷州文化本身就是多元性文化融合的结果。从土著部落之间，到土著部落与移入居民之间，从半岛文化区与相邻文化区之间，始终在进行文化的交流与融合。雷州文化的开放性有两个极为典型的表现，一是兼容相互冲突的文化。比如有的部族视狗为神，崇狗，敬狗；有的部族则性尚啖狗。最后两种文化习俗熔为一炉，崇狗啖狗，圆融兼通，并行不悖，可谓文化奇观。二是吸收被贬官员带来的中原文化。雷州半岛地处边陲，为蛮荒之地，历来被封建王朝视为惩罚"罪臣"的首选地。仅唐宋两代，被贬谪到雷州或途经此地的名人就不下 20 人。寇准、李纲、苏轼、苏辙、秦观、汤显祖等名臣贤相和大文豪们接踵而至。但是面对中原王朝的贬官罪臣，半岛居民不仅没有歧视，反而深为敬仰，把他们奉为老师，积极支持他们设学官，置书院，教化百姓，吸纳中原文化，并因此厚泽整个半岛，流风余韵至今举目可观。因此在雷州文化的发展过程中，中原文化、土著文化、移民文化在半岛文化区始终呈现出相互兼容的态势，构成了雷州文化的一个显著特征。

但是，中国古代文化所谓的开放包容。特点是保守前提下的开放，是俯视下的开放，是恩赐下的开放，是向弱者的开放而不是向强者的开放，是文化自豪、自足、自满前提下的开放，而不是以谦逊、学习、自觉吸收态度为前提下的开放。这种开放是在封闭和保守的前提和背景下，在封闭和保守的环境中的开放，其特点是以消极开放为主，以积极开放为次；以被动开放为主，以主动开放为次；以局部开放为主，以全面开放为次；以暂时开放为主，以长期开放为次；以经济开放为主，以思想开放为次；以感性开放为主，以理性开放为次。

"地理条件的独特性，对中国多民族国家的形成和统一影响很大。在中国这个自然区域中，各个社会集团的活动主要受到整体的影响和制约。周边地区各民族建立政权，已经具备了一定的地理条件和经济条件，但是由于东、南濒海，北有沙漠，西和西南有高山，地理条件的阻隔，向内地发展比向外发展容易得多，因而产生了一种自然的内向性，这种自然的内向性是形成国家统一和疆域完整的条件之一。"①

"中国地理环境对中国文化的最大影响是使之成为孤立的、连绵型的文化。因为孤立，使之缺乏与其他主要文明的交流和竞争，因为连绵，传统的力量显得特别强大。西方文化乃是在几大古代文明交融汇合的基础上、在诸多发展水平相当的民族激烈竞争的情况下形成的文化，而中国文化则是孤立的、自成一系的，是在没有遇到文化上的强劲对手的情况下形成的文化。"②

这的确是击中肯綮之论。地理因素造就文化的绵延性，造就了文化的保守性。

因为难以逾越地理因素带来的障碍，其他文明中心与古代中国的古老文明始终未发生过直接的对撞和冲突，所有的冲突都发生在该地理圈以内，都是周边较为落后的少数民族的文化与中原先进的文化的对撞，其结果当然毫无疑问是被中原先进的文化所同化。直到近代有了坚船利炮，中国才遭遇到真正的文化、文明的对撞，中国的大门才在西方强大文明的撞击下轰然洞开，遭遇三千年未有之变局。但此时中国的古老文化已经树大根深，已经不再像古代史上其他文明那样脆弱，不堪一击而中绝，而是在变化中顽强延续。从一方面看，是保持了文化的传承；从另一方面看，是拖着沉重的尾巴。所以，中国的文化发展之路

①　戴逸：《中国民族边疆史研究》，国家教委高校社会科学发展研究中心《中外历史问题八人谈》，中共中央党校出版社 1998 年版，第 228—229 页。

②　张岱年、程宜山：《中国文化与文化论争》，中国人民大学出版社 1990 年版，第 163 页。

倍极艰难。

其实这也是中国文化保守性的重要因素之一。

岭南尤其是雷州半岛，地理环境有类于整个中国，不过是具体而微者。文化的保守性表现非常明显。当然，任何文化都离不开和其他文化的交流和互动。"实际上，中原汉族文化和边疆少数民族文化应当是一种文化互动关系，一种双向沟通关系。"① 但是互动和沟通并不排斥文化的保守性。中国近代的所谓"中学为体西学为用"就是文化保守性的体现。

除了封闭的地理环境、封闭的交通条件之外，还有封闭的文化和心态，这些都是雷州文化封闭保守的重要因素和表现，直到今天都是如此。我们可以拿今天的状况加以说明。

就地理环境而言，雷州半岛，两边是海洋，周边没有发达的城市、国家或地区。省会广州路途遥远，来往极为不便。不要说过去，就是现在，从半岛的中心城市湛江去一次广州，途中加上市内坐车所用的时间，至少需要 8 个小时，对一般市民来说，一个单程就是一天的时间。坐火车则需要 10 个小时。不难估计雷州半岛与省会城市联系的脆弱、薄弱程度。这是先天不足。所以，这在某种程度上造成地理空间上的封闭性。

封闭的文化和心态更为明显。雷州文化的封闭最主要的表现是对待普通话的态度。白话像一道厚厚的城墙，把外来人口挡在了雷州文化的大门之外。当然，白话本身并没有什么过错，相反，白话还应该是文化园地里的一枝奇葩，是一种文化特色，但如果因此排斥、甚至拒绝讲普通话，在工作场所，在公众事务中，不提倡讲普通话，这种文化特色就带有严重的封闭性和保守性。在雷州之外的很多地方，工作场所和公共场所都挂有"请讲普通话"这样的宣传标语，但在湛江甚为罕见。包括笔者的工作单位——一所大学，都很少见这样的标语。另外一个重要表现是，雷州半岛三面环海，却未能成为著名的侨乡。原因之一，是没有

---

① 戴逸：《中国民族边疆史研究》，国家教委高校社会科学发展研究中心《中外历史问题八人谈》，中共中央党校出版社 1998 年版，第 214 页。

开放的心态或者说自觉的开放意识，原因之二是本身是封闭的，也不需要这种开放的姿态。所以笔者经常遭遇这种情况，人家和你说普通话，一转脸就和本地人说白话，而不分什么场所。这种被晾在一边的感觉，很难受很别扭。所以你在这种环境中很难扎下根。因为你被众多的当地人用语言拒之门外。

反观雷州文化，作为多族群文化的融合，在结构形态上，表现出某种开放性，事实上，被动开放远远多于主动开放，被动接受远远多于主动接受，不自觉地附带携入远远多于自觉积极地向外求取，送来的远远多于拿来的。

第三，尊祖敬神与迷信落后。

雷州文化的一个突出特征是敬神尊贤。雷州半岛古为蛮荒之地，瘴疠之乡，恶劣的自然环境，使生活在雷州半岛的先民们产生了对神灵的敬畏心里。而外来移民冒着千难万险，山水迢迢移居半岛，在前途未卜，生死难料的情况下，神灵的护佑是心灵深处的冀望。敬神几乎是人类普遍的历史现象，但在半岛文化区，敬神却有独特的表现。一是有各种各样的神灵，不同的神灵有不同的职司，不同的事项求拜不同的神灵。二是祭神的方式极富特色，其中游神，不仅郑重，而且规模宏大。历史上文化相对落后的半岛文化区，敬神活动不仅普遍而且世代相传，如今在现实生活中依然存在。

与希望神灵的护佑同样重要的是希望祖先的护佑。在背乡离井，漂泊天涯的过程中，回首乡关万里，既有失根的恐惧，也存在着渴望祖先护佑的心理，更希望通过尊祖的仪式加强家族的团结，共渡难关。所以激发了牢记根的动力，形成了对祖先敬奉、对家族依赖的文化倾向。半岛文化区遍及城乡的宗祠，恒守不变的祭祖仪式，以家族为核心反抗压迫的形式，都是在尊祖旗帜下展开的。半岛文化区视为神灵的雷祖，性至孝，终父母丧始就仕，成为雷州文化中尊祖的榜样和典范，从而反映了半岛文化区居民普遍的文化心理和价值观念。敬神与尊祖并无本质上的差别，都有迷信色彩，也都表达着人们美好的愿望。

与敬神尊祖密切相连的是尚贤、重教、厚德。"文明之光辉耀千秋，偏远之地钟灵毓秀"。陈文玉作为本土出现的第一个名贤，就任雷州刺史后，励精图治、勤政爱民、致力化解族群纷争，使百姓安居乐业。民众尊之为"雷祖"，奉若神明，世代受民众供奉。据史书记载，唐宋两代，被贬谪到雷州半岛或在雷州半岛留下足迹的名人就有22人。宋代先后谪居雷州或谪琼崖路过雷州有寇准、苏轼、苏辙、秦观、王岩叟、任伯雨、李纲、赵鼎、李光、胡铨等10位名相贤臣。他们带来了先进的中原文明和清廉刚直的浩然正气，先贤们逗留雷州半岛期间，体恤民情，倡导教化，开办书院，传播中原文化，在雷州半岛的发展史上写下了浓墨重彩的篇章。这些名贤长期以来一直深受当地人民的敬仰。虞应龙为示雷州人"敬贤如师，疾恶如仇"，乃建十贤祠以奉十贤。雷州文化孕育出陈瑸、陈昌齐、陈乔森等本土贤才，成为本地人的骄傲。

"贤人千古，浩气无涯"。贤人之贤在德，德在教化。雷州唐虞时代已通声教，唐宋时期，文风逐步盛行。从宋代寇准贬雷办起真武堂传授中原正音开始，半岛文化区先后出现了很多书院。代表性的古书院主要有宋代真武堂、浚元书院、潜元书院、元代海康学宫，明代雷阳书院、"应星书室"等。雷州明代书院之风大兴。明正德十一年（1516年）办怀坡书院，嘉靖十三年（1535年）办崇文书院，万历三十年（1602年）办文会书院，崇祯九年（1636年）办雷阳书院。史载清末民初的雷城就有书院学社16所，雷州府设有贡院，历史上雷州文教事业十分发达。古代书院教育的主旨是道德教化。所以，雷州文化孕育出的杰出人物，多崇文重教，清正刚廉，勤政爱民，仕不忘儒，讲信修睦。

半岛文化区敬神尊贤、重教厚德，一方面，与生存环境和移民自身的特殊经历有关；另一方面，也与半岛文化区文化长期处于落后状态有关。蛮荒之地的阴影，摆脱落后文化的挣扎，从化外到化内的追求，形成了对文化的崇尚，对名贤的敬仰。

尊贤、敬祖、拜神都具有文明的性质和成分，或者说都有其文明的一面，与其他方面的文明共同构筑了雷州文化的文明。

但从今天现代人的角度看，雷州文化业杂糅着不少迷信心理和观念。这种迷信色彩在民间文化的各种形式中普遍存在，渗透于民风民俗、民间

艺术之中。这是文化落后的一个表现。其他如家族、族群之间历史上野蛮
械斗不断，好逸恶劳，热衷私彩，小富即安，不思进取，等等，都体现了
文化落后的一面。

就在笔者修改书稿的时候，《南方日报》报道，2014 年 3 月，湛江市公
安局在雷州破获一宗非法猎捕、宰杀珍贵、濒危野生动物案件，缴获刚被宰
杀的老虎 1 只、虎制品若干。据南方日报记者深入雷州调查，在雷州惨遭杀
戮的老虎已经超过 10 只。

"雷州一些人口舌之猛，甚至不放过天上珍禽。每年 9 月至 12 月，候
鸟南下在雷州半岛歇脚。它们飞越了千山万水即将到达目的地，却在雷州
纪家镇陷于网中，坠落在枪响中。雷州'候鸟地狱'这一恶名广为人知。"
记者在采访手记中为此感叹不已，"猴子、鹿也逃不脱雷州悲剧。它们被
放进大锅里熬制数日，直至成膏。随着猴、鹿数量递减，当地人改吃马膏
羊膏。飞禽走兽被沦为盘中餐的原因是，当地人认为吃野生动物有强身健
体之用。在饭桌上提着虎骨酒的男人会告诉你，喝虎骨酒可以壮阳。"在
现代文明的社会里，这种无视法律猎杀濒危珍稀野生动物的行为，实在令
人震惊不已。这种野蛮落后的行径就源自迷信野味大补。在菜市场，可以
时常碰到有人在出售野生飞禽或其他野生动物，每每遭遇此种情景，都让
笔者有一种说不出的痛苦。在某种意义上，可以说这是雷州半岛居民的传
统和习惯，或者说是一种文化观念。

第四，功利与务实善变。

雷州半岛的居民主要是闽南人，他们为了养家糊口，克服重重艰险
来到雷州半岛，他们必须以务实的态度，不墨守成规，不画地为牢，不
自怨自艾，不妄自菲薄，自立自强，兼容并蓄，为我所用。所以半岛文
化区的居民，虽然有较强的忠奸意识，但威权意识、贵贱意识较弱，士
农工商，百业并作，重农不轻商更不贱商，讲究实利，善于变通。如前
所述，崇狗与食狗本来水火不容，但雷民通过创造文化传说，轻松地通
过了这道难关，而使两者并行不悖。传说讲，雷祖降世后，雷州民间以
狗为呈祥灵物更加崇狗，石狗面前常常红烛高烧，香火不断。后来到了
十二生肖的狗年，雷州半岛竟无一个婴儿出生。雷祖察知急忙上奏，唐

太宗也甚为纳闷。第二年太宗游地府，向阎王提起这档事，阎王回答说："十二生肖均为畜物，在人间生存只有受尽苦难，任人宰杀，才能转世为人。雷州人崇狗为神，再没捕杀，哪有狗仔转世投胎呢！"太宗传旨雷祖，狗肉经肠过，神灵心中留。雷民得知，开始大啖狗肉，于是崇狗食狗并行不悖。这则故事极为典型地说明了雷州文化务实善变的特征和功利的一面。

第五，民俗丰厚独特。

雷州文化一个非常重要的特征，是民俗文化深厚独特，理论形态、精英形态的文化薄弱，这也是雷州文化迷信、落后、保守、功利的重要表现。民俗文化是最为广泛的践行性文化。封闭的地理环境和内向性的文化心态，是民俗文化绵延不绝的重要原因。

从审美倾向看，雷州文化是质朴的，是强悍而雄壮的。在雷州文化中，雷、狗、鼓以及蛙，具有特别的地位和意义。雷声滚滚，撼天动地；狗吠声辽远，此起彼伏；鼓乐喧天，震耳欲聋；蛙声如潮，生机勃勃。所有这些，无不勾画出一幅幅直抒胸臆、雄浑壮阔的图景，展现出雷州文化质朴雄壮的风格。这种质朴雄壮的文化，是对险恶的生存环境的精神对抗，是人与神无所顾忌的联欢，是对人的力量的奋力张扬，是对恐惧和苦难的消弭和释放，是对生存繁衍的执着追求，是对坚毅的人生态度的火热表达。所以，雷州文化气势磅礴、雄浑壮阔、质朴强悍，而少含蓄与阴柔。这种特征既是生存环境使然，也与半岛文化区远离政治文化中心，天高皇帝远，较少思想禁锢密切相关。半岛文化区的皇权意识、汉族中心意识、华夷之辨意识、贵贱意识都相对比较弱，思想束缚较少，文化表达往往不拘一格，酣畅淋漓，无所顾忌。

事实上，雷州文化作为多种文化的相互融合的结果，作为半岛文化区居民历史创造的结果，它既有独特性，又有普遍性。它是中华民族文化园地里的一枝奇葩，是岭南文化的重要组成部分，是中华文化和岭南文化的基本精神品质。只是雷州文化产生的具体环境的差异以及文化创造主体的差异，形成了独具特色的雷州文化。恶劣的生存条件，落后封闭的文化环境，举家迁徙的历史记忆，失根的恐惧，挣脱蛮荒的内心追求，形成了雷州人对祖先的尊奉、对神灵的敬畏、对贤者和文化的崇尚，对开拓奋进、顽强拼搏精神的追求和沉淀，对开放兼容心态的习成和对人世美好生活的强烈向往。

雷州文化作为多面体的亚文化体系，既有开拓性、开放性等积极的一面，也有保守性和封闭性等消极的一面。雷州半岛的地理位置和环境特点，对雷州文化保守性的一面的形成，有着非常重要的影响。在岭南的大区域内，雷州半岛远悬西南部，三面环海，不仅远离全国政治文化中心，也远离岭南政治文化中心，其地理上的封闭性和偏僻性更为突出。历史上，这片土地开发较晚，生存环境险恶，直到唐代以前，雷州半岛依旧是荆棘遍地，森林茫茫，猛兽出没，毒瘴遍野，台风、雷震、碱潮、干旱、虫灾、瘟疫等自然灾害时有发生。所以雷州半岛长期被视为边远蛮荒之地、瘴疠之乡、化外之境，成为历代中原王朝贬谪官员的流放之地，也成为中原汉民的逃生之地。在这种封闭、偏僻的地理环境中生存，既需要开拓创新，又容易导致独处一隅，自我封闭。

雷州文化是以农耕文化为主的地域文化。农耕一方面提供了稳定的生活条件和文化创造的物质基础，另一方面也限制了当地居民看世界的视野，羁绊了他们走出雷州半岛、走向海洋的脚步。所以，尽管拥有长达1556公里的海岸线和许多优良港口，早在汉代就与海外进行经济文化交流的湛江，却始终未能形成外向性、开放性的海洋文化，或者说始终未能使海洋文化走出农耕文化的羽翼，获得主导地位或者平分秋色的地位。因此，广东沿海地区的粤东、粤中成为著名侨乡，粤西人大多固守家园。甚至到了近代社会，在西方列强的侵略中，首当其冲的广东人因为吸收了西方的先进文化，而在政治、经济、文化领域卷起了滔天巨浪，同样背景下的雷州半岛，除了农民组织的几次武装抗争之外，其他领域尤其是思想领域相当平静。对此，蔡平博士指出："三面环海的有利条件没有驱使他们远渡重洋，即使是近代以来西方殖民文化的强势逼近，依然没有改变他们对海洋的朴素认识和利用，海洋除了提供他们足够的食物来源以外，似乎别无他用。土地和海洋更多地供养了雷州人，也使雷州人安逸于眼前的拥有，也限制了雷州人创新文化的脚步。"所以，以农耕文化为主导的雷州文化，不仅限制了海洋在文化创造上的意义，也使自身呈现出某种保守性和封闭性。

　　雷州文化是一个内涵丰富的多面体的亚文化体系，它是绚丽多姿的，五光十色的。我们的概括不可能尽善尽美，更不可能穷尽雷州文化的所有特征。从总体上讲，我们的判断是，雷州文化是一种保守多于开放、内向多于外向、被动多于主动、自在多于自为、形式多于内涵、民间多于精英的地域性亚文化。

第七章 雷州文化的典型符号——石狗

本章分为以下三个部分：一、雷州半岛石狗概述；二、雷州石狗的文化内涵，雷州半岛流传的相关故事；三、雷州石狗的文化学解读。

一 雷州半岛石狗概述

石狗是雷州文化的典型符号，是雷州文化的品牌，是一份厚重的文化遗产，具有很高的历史价值、文化价值、艺术价值、文物价值以及人类学和宗教学价值，是一部浓缩了的雷州历史沿革、社会文化、民族民俗史书，是一笔不可再生的珍贵遗产。近年来，雷州半岛石狗文化引起了官方、媒体、学界、民间多方的关注。2001 年 12 月 25 日，雷州市人民政府以雷府办函〔2001〕96 号文《转发雷州市文物管理委员会关于征集雷州石狗意见的通知》，对加强保护石狗提出了要求与目标。2004年文物部门除采取原生态保护外，还收集有代表性的石狗 1000 多尊作为馆藏。2004 年 4 月 13 日，中国民族民间文化保护工程国家中心把雷州石狗批准为"第二批中国民族民间文化保护工程试点项目"之一，雷州石狗得到国家有组织有计划的保护。此后雷州市成立了领导小组与专家小组，制定了《保护实施方案》，并签署了《项目保护任务书》，对石狗进行普查、原生态保护与征集保护。2005 年 4 月，雷州石狗信仰被列入广东省非物质文化遗产保护名录。2008 年成为第二批国家级非物质文化遗产。中央电视台、亚洲卫视、广东卫视，以及南方日报、广东文物、羊城晚报、岭南文史等多家中央、地方媒体对雷州石狗进行了报道。《雷州半岛石狗文化》、《雷州石狗奇观》、《雷州石狗》、《雷州历史文化大观》等有关著作相继出版。

2013 年 8 月南方经济频道 TVS1 播出《探寻·传承》之《雷州石狗》节目。节目预告说：雷州石狗历史悠久，数量众多，分布广泛，有散布民间的"雷州兵马俑"之美称。石狗之于雷州人是神圣的。雷州人拜石狗，尊石狗为"守护神"和"吉祥物"，将石狗祀立在村路口、村巷头，甚至家门口，并加以供奉，以求驱邪治魔、保境安民。狗，在漫长的历史长河里，一直作为最忠实的朋友和伙伴陪伴在人类左右。雷州人是基于何种原因把狗作为崇拜对象并加以膜拜的呢？古石狗雕塑形态奇趣各异，有的憨态可掬，有的古怪狰狞，有的工艺粗拙，有的雕刻精细。雷州石狗造型艺术的变化，蕴含了什么样的历史文化沉淀呢？多变的姿态造型又代表着什么含义？雷州人供奉石狗同时又爱吃狗肉，这种矛盾对立又该如何解释？《探寻·传承》之《雷州石狗》将为你揭晓石狗在雷州的千年历史传奇。

这些问题也正是我们要探讨的问题。

在雷州半岛，石狗作为民间信仰的载体，遍及城乡。分布广泛，数量众多，历史悠久，形态多样，内涵丰富，独具地方民俗文化特色，是雷州石狗的主要特点。

雷州市、徐闻县、遂溪县与湛江市郊的麻章区、东海岛经济开发区和廉江市东南一带的城乡均有石狗遗存。石狗多用玄武岩雕成，安放于村口、巷头、门旁、路边、水口、坟前、庙旁，时有所见，以驱邪治魔、保境安民。但石狗在半岛各地分布不均匀，沿海多、内陆少，西部多、东部少，与半岛新石器时代的遗址分布呈现出相同的特点。也许不是一种巧合。其中徐闻县迈陈镇、角尾镇，雷州市龙门镇、覃斗镇，廉江市营仔、横山镇、良垌镇，遂溪县江洪镇、草潭镇等地的石狗数量为多。就县市而言，石狗遗存最丰富的是雷州市，据统计，现存有 3000 多尊。而雷州市发现的新石器时代的遗址也最多。这种石狗集中分布区与原始遗址的集中分布区同构的特点，也让人发生某种联想。而且一般发现石狗的村庄建村年代都比较早，最迟也在清末民国时期。

据不完全统计，整个雷州半岛遗留的石狗近万只。目前，仅湛江、雷州等地博物馆收集到的石狗已有近 500 只，大部分石狗或散落在乡野荒郊、村头巷尾，或掩埋地下，或由村民自行保管。陈列馆展出的雷州石狗，是从雷州各城乡征集的具有时代性与地域性的典型作品。

石狗诞生的年代，研究者认识不一。有人认为约始于春秋至秦汉初期，可为佐证的材料是，雷州半岛已出土有春秋时期的万家坝型铜鼓。有人认为雕刻年代始于战国时期。笔者认为，石狗的雕刻最早始于秦汉之交的南越国时期。春秋战国时期岭南正处于青铜器的鼎盛时期，中原铁器刚刚普及，虽然考古材料发现，这一时期岭南也出现了铁器，但只是零星出现，数量极少。铁器大量出现还是从南越国时期开始的。对此，《史记》、《汉书》都有明确记载。吕后当政后，曾下令"禁南越关市铁器"，"毋予蛮夷外粤金铁田器；马、牛、羊，即予，予牡，毋予牝"。结果引起南越国统治者赵佗的极度不满，愤而发兵攻打汉边地"长沙边邑"。这则史料说明，岭南确实迫切需要铁器，中原王朝的统治者也十分清楚岭南对铁器的需要。在这种情况下，远离番禺的雷州半岛获得铁器，显然更为困难。铁器大量输入雷州半岛，应该是在汉武帝平南越国，雷州半岛有了具体的地名和行政建制之后，随着伏波将军路博德大军的到来，及此后的徐闻海上丝绸之路始发港开启，铁器才源源不断地输入雷州半岛。据有关部门统计，1962—1983年徐闻汉墓群出土的文物中，铁器有216件，其中有斧、刀、凿等。徐闻汉墓基本上都属于普通墓葬，大抵是落籍士卒或官吏、商贾的仆从。这些墓葬中随葬如此多的铁器，足以说明当时铁器已经达到了一定的普及程度。这些铁器的普及为石狗雕塑提供必要的工具。而没有这些铁制工具，依靠其他质料的工具，不可能雕塑出远比一般石器大得多、也复杂得多的石狗。

湛江市博物馆陈志坚先生根据雷州石狗的造型艺术，把雷州石狗的演变分为三个时期："早期，为秦汉时期，早期的石狗造型特点为粗犷古朴、形简神肃、昂首朝天，具有天人感应的图腾崇拜底蕴。中期，隋唐至宋元时期，石狗造型特点：强调生殖器的刻画，注重结构、线条的表现，粗拟点工艺特征突出。反映祈求赐福的敦朴民俗。晚期，为明清时期。石狗造型特点：用拟人化的手法表现形神的完美，刻工精致、纹饰细腻、展示出社会崇尚德福的民风。三个时期的石狗造型都溶入图腾崇拜、呈祥报喜、

辟邪庇佑与礼仪文明的丰富文化内涵。"① 这种分期方法对研究石狗的艺术
风格和雕刻技术具有积极意义，但有些看法我们并不认同。如前所述，雷
州半岛石狗雕刻的最早年代，不应该早于西汉初年。秦帝国虽然统一了岭
南，设置三郡管理岭南，但事实上，并未能实现有效的管辖。秦军完全有
可能把铁器带入岭南，但铁器在当时相当珍贵，一般情况下不会流入民
间。把石狗雕刻的最早年代上推至秦，无法解释雕刻工具的来源。此外，
三个时期的石狗造型是否"都溶入图腾崇拜、呈祥报喜、辟邪庇佑与礼仪
文明的丰富文化内涵"，也值得商榷。事实上，唐以后，以"闽民"为主
的新的文化主体，并没有接受原有主体的图腾崇拜，而是把原有的图腾崇
拜物变成了辟邪、惩恶、佑善的守护神，延至清末，随着西方科学文化在
中国的传播，石狗逐渐向民俗文物方向演化，甚至一度被人至少是一部分
人视为封建迷信的产物。此外，对雷州先民来说，石狗是实用品，不是艺
术品，不宜过多附会先民的审美意识和审美情趣。

从雷州石狗的文化内涵或功能演变来看，可以分为以下几个时期：徐闻
时代，为图腾崇拜时期，狗图腾崇拜早于徐闻时代，但石狗作为图腾崇拜
物，与徐闻时代开始的时间大体相同，可能还稍早一些。海康时代，为守护
神时期。以传说中的陈文玉出现为标志，石狗被赋予新的文化内涵。被奉为
雷祖的陈文玉，是一个传说中的人物，这个人物的生活时代被安放在隋唐，
不完全是偶然现象。它反映的是隋唐时期，汉族居民在雷州半岛占有的地
位。在雷祖陈文玉诞生的故事里，狗依然具有神性，被视为神灵，并且发挥
了呈祥报喜的功能，但狗包括石狗已经失去了作为人的祖先的地位。此后的
石狗就成了守护神，而真狗作为人的肉食来源，开始被宰杀，这种现象也是
以前没有的。当然不排除尚在雷州半岛居住的原有主体继续把石狗视为图
腾。遂溪时代，石狗基本延续了海康时代的文化内涵和功能。但到了法国殖
民统治的广州湾时代，石狗的神灵地位实际上也受到了西方文化的冲击。进
入 1945 年的湛江时代，石狗的神灵地位快速收缩，迨至 1949 年，新质文化

---

① 陈志坚：《试述雷州石狗造型纹饰的社会民俗现象》，湛江市文化广电新闻出版局《雷州
半岛石狗图录·徐闻县遂溪县廉江市分册》，广东旅游出版社 2008 年版，第 8 页。

全面占领文化领域，石狗作为守护神灵的地位在主流文化中彻底丧失，而且处于被批判的地位，在民间文化中开始处于隐蔽状态并向偏远农村退却。今天，可能大多数人都把石狗视为民俗文物，而不再把石狗看成神物，更不可能把石狗视为图腾。当代的雷州居民对待石狗有三种态度：一部分继续崇拜；一部分敬而远之；一部分视有若无。

二　雷州石狗的文化内涵

人是物质性的动物，也是精神性的动物。人体既有专司物质需要的器官，也有专司精神需要的器官，有些则合二为一。这两种器官相互满足，又自相满足。就专司精神需要的器官而言，它要指挥、辅助物质性器官满足人的物质需要，它还要对这种满足行为作出解释，赋予意义。精神性器官除了与物质性器官配合之外，还有自身的需要，比如我们经常说的好奇心，其实就源于精神性器官自身的需要。所以在物质性器官不需要配合的时候，精神性器官还会独立活动，这种活动就是专门生产意义的活动。而且，人的物质需要刚性强，韧性差，其满足是有限度的，而人的精神需要刚性差，韧性强，其满足可以说是无限度的。所以，人类的意义生产的时间会不断增加，而物质生产的时间会不断减少。从这个角度说，人是精神的动物，人是意义的动物。这是人与一般动物的根本区别。所以，人总是为自己的行为寻找根据、寻找意义，并以符号的形式对自己的行为作出说明和解释。这种说明和解释，实际上就是行为的意义和文化内涵。雷州半岛先民对狗图腾崇拜和石狗崇拜行为，事实上也做了大量的解释和说明，其表现形式就是有关狗的神话传说。

神话传说是人类童年时期的无意识心理结构的不自觉呈现，是"集体无意识"的表达，是初民灵魂和观念的忠实记录。"在古人那里，神话曾经是宗教，是真理，是曾经发生过的真实故事。诚如英国著名人类学家马林诺夫斯基所说，原始人看神话就如同基督徒看圣经一样，充满了庄严而神圣的意义。"① 以我们今天的眼光看，神话的创作法则就是穿凿附会，基

---

① 赵沛霖：《先秦神话思想史论》，学苑出版社 2006 年版，第 9 页。

本特征就是荒诞不经。事实上，神话是最主观的东西，但又是最客观的东西。说主观，是因为它不是对客观世界的真实反映；说客观，是因为它是对处于童年时期的人类心理的忠实描摹，可以说，神话是初民们的心灵信史。

神话学研究表明，神话与原始宗教密不可分，可以说，神话是原始宗教的语言符号形态的表达。雷州半岛流传着许许多多关于狗或石狗的神话传说，包含着丰富的文化内涵，实际上，就是对狗图腾崇拜和石狗崇拜所包含的文化意义的呈现，是石狗所承载的文化内涵的说明书。

下面是几个与雷州半岛石狗有关的神话传说，这些传说实际上就是崇狗族群赋予石狗的文化内涵。

第一，槃瓠神话。东汉应劭《风俗通义》记载甚为详细："昔高辛氏有犬戎之寇。帝患其侵暴，而征伐不克。乃访募天下，有能得犬戎之将吴将军头者，赐黄金千镒，邑万家，又妻以少女。时帝有畜狗，其毛五采，名曰槃瓠。下令之后，槃瓠遂衔人头造阙下。群臣怪而诊之。乃吴将军首也。帝大喜，而计槃瓠不可妻之以女，又无封爵之道，议欲有报而未知所宜。女闻之，以为皇帝下令，不可违信，因请行。帝不得已，乃以女配槃瓠。槃瓠得女，负而走入南山，止石室中。所处险绝，人迹不至。于是女解去衣裳，为仆鉴之结，著独力之衣。帝悲思之，遣使寻求，辄遇风雨震晦，使者不得进。经三年，生子一十二人，六男六女。槃瓠死后，因自相夫妻。织绩木皮，染以草实，好五色衣服，制裁皆有尾形。其母后归，以状白帝，于是使迎致诸子。衣裳斑兰，语言侏离，好入山壑，不乐平旷。帝顺其意，赐以名山广泽。其后滋蔓，号曰蛮夷。"槃瓠神话，是中国古代神话大系中的始祖神话之一。它充满了始祖神话所具有的思维模式和叙事特征。

槃瓠神话，在范晔《后汉书·南蛮传注》、晋代干宝《搜神记》、元周致中《异域记》以及《御览》八十五引"魏略"等文献均有记载。在民间，苗、瑶、黎、壮、布依、畲等少数民族中至今仍流传关于"盘瓠"的传说，或狗为始祖的传说，瑶族等少数民族还保存有《祖图》（即狗皇史图）和《狗皇歌》。民间口头传说中的"盘瓠"故事，更富有人情化与历史化的传奇色彩：据传，他们的祖先是龙犬，名叫"盘瓠"。在上古时代，高辛皇后耳痛三年，后从耳中取出一虫。形似蚕，育于盘中，忽而变了一只龙犬，毫光显现，遍身锦绸。高辛皇见之大喜、赐名龙期，号称盘瓠。其时犬戎入寇，国家危急。高辛皇帝下诏求贤，谓有能斩番王头来献者，即将三公主许他为妻。盘瓠即前往敌国，乘番王酒醉，咬断其头，衔之奔回国，献与高皇。高辛皇因他是狗不想将公主嫁他。正在为难时，盘瓠忽作人语："你将我放入金钟内，七天七夜，就可以变成人形。"到了第六天，公主怕他饿死，打开金钟一看，则身已变成人形，尚留一头未变，于是盘瓠著上大衣，公主戴上狗头冠，他们结了婚。盘瓠携妻入山居住。后生三男一女，长子姓盘名自能，次子姓蓝名光辉，三子姓雷名巨佑，一女名淑玉，女婿姓钟，名叫智深。民间传说中的盘瓠故事，赋予神话原型中的"狗"以人形与人言。

盘瓠的故事，是先民们对崇狗的一种文化解释，也为石狗崇拜提供了文化根据。他们实实在在地相信狗是他们的先祖，也是护佑他们的神。这就是他们的观念，是狗图腾崇拜的文化内涵。

人类不仅要对自己的行为做出事实解释，需要找事实根据，人类对自己的行为还要做出文化解释，尤其是文化行为，必须给出文化解释。对那些缺乏事实根据，或者事实根据不明，或者根本不可能有必然的事实根据的行为，更需要做出文化解释和说明。狗在雷州半岛先民们的生活中极其重要，这是事实，但这一事实并不必然带来崇狗这一结果。狗无论如何重要，都没有食物本身重要，为什么不直接崇拜食物本身呢？比如人类较早豢养的牛羊等。因此，事实层面的东西，作为崇狗的根据是缺乏说服力的，无法支撑起崇狗的精神圣塔。但人类又必须加以合理解释，于是就有了盘瓠的神话。创造神话是人类最早的文化建构活动，神话是人类最早的文化形态和文本。

第二个是关于九耳神犬和雷祖诞生的神话传说。传说南朝陈太建年间，雷州一名叫陈的猎户，无子，养有一只有九个耳朵的异犬，耳有灵机，每出猎，卜其犬耳，一耳动则获一兽，获兽多寡与犬耳动之数相应。一天，犬的九耳齐动，陈氏以为今天必大有收获，狩猎时，九耳犬围着一丛林荆棘之地汪汪叫,陈氏惊奇,伐木,得一巨卵,带回家后,雷雨暴作,卵开出一男子,左右手上各写"雷"、"州"二字。这是汉族居民对石狗崇拜的解释和说明,他们接受狗是神灵,但拒绝狗是祖先。狗发现了祖先,但并不是祖先。或者说,汉族居民拒绝接受狗作为祖先的观念。

如果说,槃瓠是俚僚人的创世神话,陈文玉就是雷州半岛汉族居民的近于创世的神话。陈文玉的诞生是雷州半岛的文化历史的一个分水岭,前边是俚僚人的雷州文化,后边是汉民族的雷州文化,前后之间既有承继关系,又明显存在断裂。俚僚人奉狗为祖,汉族居民奉人为祖。俚僚人崇拜自然的狗和自然的雷,即狗图腾和雷神,汉民族崇拜的是石狗和雷祖。在九耳异犬的神话里,狗尽管依然拥有神灵的地位,但不再拥有部族先祖的尊崇地位,身份明显有所降低。

九耳犬的故事,同时反映了先民们的文化汇流整合工作。雷州半岛上,有狗、雷祖、雷以及雷州等各路传说,各支文化脉系,它们可能源自不同的族群,起初肯定是互不相干地流传,这种文化上的互不相通、割裂感,会制约人们的沟通和精神上的和谐。所以加以整合,搭桥沟通,是居民们的精神、心理需要,实际上也是骆越先民的文化与后来居民文化的融合、沟通、汇流。对文化现象进行文化诠释,既可以从事实层面进行,也可以从文化本身的层面进行。先民和民间最常用的是文化诠释。在先民和民间的文化诠释中,事实层面的东西是没有地位的。文化诠释无须考虑事实,这是先民诠释各种现象的规律。九耳犬的故事,显然是先民们对现有的文化现象和支系进行整合所作的文化诠释。它把雷神崇拜、灵狗崇拜、雷祖崇拜融会贯通,汇流一处。

第三个是责狗求雨的传说。很久以前,雷州大旱,一巫师称,是太阳神的恶作剧,只有天狗才能逼使太阳神降雨。这时,人们便想起与天狗同为兄弟的地狗。人们用绳捆绑着石狗,抬上荒坡游行,并用荆条不停地抽打,吆喝着"快些去天上讨雨,要不就去吃屎"的话语,地狗受到鞭笞后,便向天狗说明原委,天狗听后就冲向太阳神狂吠,要其招云降雨,要不就咬死它,太阳神惊怕了,立即向雷神、电母、云师求情降雨。三天后,果然雷州大地普降甘霖。由于雷州两面临海,气候独特,降雨量较少，旱情常见。1949 年以前，效仿抬石狗游坡求雨的事在雷州屡见不鲜，这种仪式在雷州"石狗坡"举行最多，规模较大，参与人员有时多达二三千人。

在这个传说中，狗或石狗不可侵犯的神圣地位，已经严重发生动摇。石狗作为人的保护神，如果不尽职尽责，就要受到人的责打，意味着人对石狗的崇拜是有条件的，那就是石狗必须忠实地护佑人，否则就要受到鞭笞。在这种意义上，石狗已经降为雷州人的奴仆。这在图腾崇拜时期是不可想象的。

第四个是狗眠地的传说。传说在远古的洪荒年代，大地洪水泛滥，地陷山崩，满目荒凉。山墩坡上有一青年，手持木棍，不远处蹲着一只狗。小伙子的木棍挥动一下，狗就挪动一下。他走到哪里，狗跟到哪里。他把吃剩的食物扔给狗。过了几天，人与狗就成了形影不离的伙伴。约摸一个月后，洪水退走了，山川恢复了旧貌。小伙子带着狗去寻找亲友。千辛万苦，结果一个人都找不到。有一天，小伙子跟着狗跑向一个山岭。小伙子叫喊着："有人吗?"叫了好几阵，最后树林里走出一位年轻女子。劫后余生的他们俩结合了，从此相依为命，繁衍生息。狗是他们生活的忠实卫士，是月老，是恩人。狗死后，他们把狗安葬在山坡上，并给予奉祀，他们的子孙后代都继承了这一传统。后来，这狗墓渐渐地大起来，很像一只狗在长眠。现在，英利镇的英益村北有一处狗眠地，有人说，可能就是这个美丽传说的遗存。1982 年进行文物大普查时，文物工作者在英利一带的英典北、石头堰岭、兰园岭、西湾岭与流沙寮岭的山冈上发现了多处新石器时代的文化遗址，说明这里是雷州先民的发祥地。

这个传说也具有创世神话的性质，与中原流传的此类创世神话，情节相似，重要区别就是多了一只狗。而这只狗在创世神话中，已经变得稀松平常，灵性尚有，神性全无。

第五个故事是关于狗仔转世的故事。这个故事在雷州文化中占有极为重要的地位。详见下文分析。

三　对狗图腾崇拜和石狗崇拜行为的文化学解释

如果说，雷州半岛流传的狗的神话传说，是对狗图腾崇拜和石狗崇拜的文化解释，是对其文化内涵的呈现，那么，今天我们要做的是文化学解释。文化解释与文化学解释的不同点在于，文化解释可以是任意的，"可以不顾客观条件的限制，随意幻想，并力图把主观意志强加于客观世界，改变客观实际的面貌。"①

文化学的解释是科学解释，它要求以客观事实为依据，通过严密的逻辑推理得出必然认识和结论，还原历史真相。通常要做以下几项工作：

首先是梳理过程。即把狗的图腾崇拜和石狗崇拜以及相关的传说故事，视为文化事实，梳理这一事实产生、发展、演变的客观历史过程。其次是事实判断。因为文化创造常常远离客观事实，以夸张的形式甚至荒谬的形式出现，尤其是人类社会的初期。但"神话传说并不是完全没有根由的，当代神话学的研究和考古学的印证说明，远古神话传说在幼稚、虚幻的形式中保存着人类对远古时代的某些记忆"。② 换句话说，神话作为一种文化创造，常常借助一定的事实为支点、引线和触媒。在文化事实中，哪些属于文化创造，哪些属于客观历史事实，只有从这种牵强附会的文化创造之中打捞出历史真相，才能判明文化创造的族属、年代、文化创造的目的和原因，也才能真正地掌握文化创造的规律。最后是价值判断。即站在今天的立场上，现代文明的立场上，我们如何解释和评价这一现象或者这一文化事实，亦即运用今天的科学理论对这一文化事实的性质、实质、影响、意义等做出评价。

关于狗图腾崇拜和石狗产生、演变的过程已如前说。下面就事实判断和价值判断做一些分析。

生活在雷州半岛的俚僚等为什么会产生狗图腾崇拜，真实原因是什么，如何从文化学的角度加以解释？

人类的宗教信仰既是一种选择，也有某种必然性。首先，人类存在着某种固有的、永恒的不足和缺失，如生命有限。其次，人类生存的苦难，生老病死，天灾人祸，祸福难测，不时地置人于无奈、不安、焦虑的状

---

① 赵沛霖：《先秦神话思想史论》，学苑出版社 2006 年版，第 8 页。
② 伍雄武：《中华民族的形成与凝聚新论》，云南人民出版社 2000 年版，第 29 页。

态。最后，人是精神性动物，一方面，个体无疑需要获得一种永恒的精神安慰，心有所主，才能承受人的有限性和苦难。这个主可以是皇帝，可以是上帝，可以是先祖，也可以是现实社会公众的福祉，也可以是别的东西。总之，人必须处于心有所主的状态，精神才能安宁。人最难以承受的是心无所主，精神漂泊，无家可归，找不到落脚的地方。同时人也是社会性动物，个体需要在群体中存在，群体则需要某种永恒的东西作为群体凝聚的纽带。而人世间不可能有永恒存在的东西，所以人常常到现实世界以外去寻找。人类的早期如此，现代也是如此。从现代人的宗教信仰状况来看，先民们的图腾崇拜并不仅仅源于认识能力的低下，或者说生产力的落后。现代人崇拜的上帝和先民崇拜的图腾并没有本质差别，有差别的只是仪式形式。也即是说，任何民族都必然选择某种信仰。雷州半岛的俚僚也是如此。

尽管存在选择图腾的某种必然性，但一个族群选择什么作为自己的图腾，有很强的随意性、任意性和偶然性。地域文化的个性除了源自文化意蕴不同，更多的来自载体不同，从而展现出鲜明的特色和个性。

石狗是雷州先民心灵和信仰的化石。石狗崇拜是源于狗在先民们生活中的意义，还是某种偶发事件，或是二者兼而有之，已不得而知。但不能忽视这种偶发事件的作用，这种偶发事件可能使狗具有了神灵的光环。

图腾的产生，与其说跟生存有关，不如说跟心理有关；与其说跟事实有关，不如说跟臆想有关；与其说跟必然有关，不如说跟偶然有关；与其说跟长期的生活经验有关，不如说跟一时的灵感顿悟有关。图腾对先民来说是必须的，但从世界范围内远古族群对图腾的选择来看，选择什么作为图腾，纯粹出于偶然。图腾是族群的精神凝结剂，其凝结能力并非源自图腾本身，而是族群的赋予。大多数图腾除了精神意义之外，并不具有任何现实意义。

所以，由实到虚是信仰之物演变的一般规律。由具体到抽象、由实体到符号、由单一功能到多功能，信仰之物才能无处不在、无时不有、无所不能，人们才能随时随地随意获得神的庇护，满足人的需要。否则就有诸多困难。人类创造神灵是为了满足人的需要，而且这种满足要尽可能地方便。雷州先民由狗图腾崇拜到石狗崇拜，实际上也经历了这样的过程。由具体的实物崇拜到抽象的符号崇拜，崇拜对象越来越虚幻，越虚幻越神秘，越神秘越具有神奇的力量，越容易进入个体的内心世界，成为心灵的偶像，时时刻刻，寸步不离，庇护自己。

那么，为什么单单选择狗崇拜呢？雷州先民选择崇狗，肯定有我们所无法知晓的因素，尤其是某些偶然因素。古越人渔猎为生，狗是他们忠实的伙伴和助手，发生忠狗救主一类的故事是极有可能的，假如这个主人在部族中有足够的影响力，个人的崇狗行为演变成整个部族的观念也是可能的。至少我们看到的那些解释为什么崇狗的雷州民间故事，主题基本都是义犬忠主，石狗惩恶佑善。[①]

除了偶然因素以外，自然与狗的特性和古越人的生存环境也有关系。

在人类的历史上，在所有的动物中间，狗是人类最早的最忠诚的伙伴，对早期的人类来说，狗的地位和意义，不亚于牛马，甚至远远超过牛马。在半坡氏族时期，"我们确知当时的家畜只有猪和狗两种，以猪为主，每个遗址都有大量的主顾发现"。"饲养狗可能也是为了食用（发现的也多为幼小的狗骨）"。[②] "根据动物驯养史的研究，狗是人类最早驯养的一种家畜，可能在农业出现以前就有了。狗的特性是机敏而又怯弱，同时又不结群，因而它最早与人接近而成为'伙伴'。饲养狗与猪不同，它在供食用外，还可以作为人们狩猎的'助手'和守护的'卫士'。"[③] 从古到今，狗以人为伴，依恋人类，对人类忠心耿耿，在狩猎时一马当先，当主人有危险时则奋不顾身，舍生忘死。忠狗救主的故事在现实世界里并不鲜见。

石兴邦先生认为，"图腾崇拜是氏族制度本身的产物，它是以经济原因而转化为社会意识行为的。大概在氏族公社的初期，人们在获取生活资料的过程中，发现某种动物对人的助益很大，因而特别爱护，后来生产日

① 林艺：《石狗的传说》，《雷州民间故事选集》，南方人民出版社2009年版，第19页。

② 石兴邦：《半坡氏族公社——考古资料反映的我国古代母系氏族社会制度》，陕西人民出版社1979年版，第15页。

③ 同上书，第15—16页。

益发展，生产资料也丰富了，一直到出现了农业，原始经济的因素逐渐减薄，而成了社会意识形态的表现。"① 事实并非如此，图腾千奇百怪，有些对当时人类群体几乎没有任何现实的助益，比如鸟图腾、蛇图腾，甚至包括汉民族的龙图腾。图腾满足的是人类的精神需要，最根本的原因只能从精神领域去寻找。

古越人选择崇拜狗，不仅是因为狗通人性，狗忠诚不二，狗机敏勇猛，奋不顾身等特点，环境可能也起到了某种作用。在古越人的生活中，除了神秘莫测的大海，就是半岛上野兽出没的茫茫的原始森林，身边始终伴随一只忠诚勇猛的狗，可以想象它对古越人的活动有多大的意义。极有可能他们不止一次地获得狗的救助，转危为安，化险为夷。而最关键因素还在于古越人在心理上认同、珍视、崇拜狗这一特点。事实上，其他部族也有类似的生活境遇，狗对其他部族也是同样的忠诚勇猛。他们没有产生狗的图腾崇拜，不是别的原因，就是因为他们在精神上没有产生类似古越人的心理意识。这就是文化的选择性使然。

所以，我们反复强调，真正的文化常常源自某种偶然因素。"她的命运引起我万分痛惜。当然，也许没有必要痛惜，因为具备英雄品格的人很多，能成为英雄的人却很少。社会之风把优良的种籽吹落在青石板上，把干瘪的种籽吹落在沃土之中……生活是不公正的，难怪屈子哀叹'黄钟毁弃，瓦釜雷鸣'了。……记起一位哲人说过：你是英雄，还要命运之手把你放在英雄的底座上。"② 狗成为图腾、石狗成为雷州先民的崇拜物，与英雄一样，是因为雷州先民的命运之手把它放在了崇拜的底座上。核心文化往往来自偶然的选择，有很多时候没有道理可讲。它是感性的，甚至是荒谬怪诞的。正如盘瓠的传说一样，"盘瓠的犬身，使盘瓠神话在很多人的眼中不免有些怪诞，但殊不知正是这个怪诞情节，代表了盘瓠神话的核心文化内涵。"③

---

① 石兴邦：《半坡氏族公社——考古资料反映的我国古代母系氏族社会制度》，陕西人民出版社 1979 年版，第 147 页。

② 黎汝清：《碧血黄沙（二版）》，大众文艺出版社 2003 年版，第 586 页。

③ 王增水：《神话学概论》，中国社会科学出版社 2007 年版，第 246 页。

雷州半岛不仅盛行食狗之风，而且狗肉被视为上等佳肴，徐闻县的陶煲狗、雷州市的白切狗，是雷州半岛有名的佳肴名吃。俗语称，"一狗、二牛、三赤蟹、四鸭、五鹅、六刺鸡、胶墙第七、鲎第八、九是土龙、十猪蹄。"或是"一狗、二鲎、三胶墙、四番豆。"有人甚至说："将钱买狗吃，好过买被盖。"20世纪三四十年代，湛江市赤坎高州街就有一家"老友记"小店，专营雷州狗肉生意，因为经营得法，曾名噪一时。但在信仰领域，石狗又是崇拜的对象。

在雷州半岛最让人迷惑不解的是既崇狗又吃狗。这种文化与行为上的剧烈冲突是如何出现的，为什么会出现，着实需要认真进行一番探讨。可以肯定的是，这种冲突主要体现在汉族居民身上，而不是古越人身上。那么汉族居民为什么既视石狗为神物，又吃狗呢？

先解释以汉族为主体的雷州居民为什么接受石狗崇拜。

龙应台先生在《什么叫文化》中讲了一个故事，颇能说明问题。她说，她15岁那年，从台湾中部苗栗的农村搬到高雄海边的渔村。让她极为惊诧的是，渔村有那么多的神，每一位神都有生日，每一个生日都要张灯结彩、锣鼓喧天地庆祝。渔村的街道突然变成翻滚流动的彩带，神舆在人声鼎沸中光荣出巡。要辨识渔村的季节吗？不必看潮水的涨落或树叶的枯荣，只要数着诸神的生日，时岁流年便历历在前。庙前广场有连夜的戏曲，海滩水上有焚烧的王船，生活里有严格遵守的禁忌，人们的心里有信仰和寄托。在农人眼中，渔人简直"迷信"极了。农村文化和渔村文化是不一样的。龙应台先生分析说："不一样的背面，有原因。渔人生活在动荡的大海上，生命的风险很高，未知数很多。尤其在长达38年的'戒严'时代里，以国家安全为理由，台湾政府甚至不准许渔民拥有基本的现代海上通讯设备，怕渔民'通匪'；于是风暴一来，救援的能力很低。夜里摸黑上船'讨海'的年轻父亲，并不知道自己清晨是否一定会回来看见家里还在温暖被子里的幼儿。所谓'迷信'，不过是在无可奈何中面对茫茫世界的一种自救方式，为无法理解的宇宙寻找一个能安慰自己的一套密码检索。""所以，文化就是一种生活方式，在特定的地理、历史、经济、政治条件中形成。农民不吃牛肉，因为对他而言，牛不是家畜禽兽，而是一个事业合伙人。渔民在餐桌上不准孩子翻鱼，因为人在吃鱼神在看，他不能冒任何即使只是想像的危险。"①

　　迁入雷州半岛的汉族居民之所以接受古越人留下来的神，同样是因为"不能冒任何即使只是想像的危险"。遵循惯例和从众是最简便、最安全的选择。不管是哪个族群的神物，既然有如此多的人崇拜，就必然有崇拜的理由。信，至少对自己无害；不信，则有可能招致灾殃。所以，宁可信其有，不可信其无。在生命安全风险很高的情况下，尽可能多一份保佑，少一分危险。有神就信，这是最好的办法。

　　从文化学理论的角度看，文化一旦成为文化，就会进入一个自演系统。它可以越来越远离客观现实，进入完全虚无的世界。比如石狗，造型几乎可以是任意的。而且后来者单单接受其中虚无的部分，往往不会对现实生活产生实质性的影响。

　　对移入雷州半岛、没有食狗禁忌的汉族居民来说，石狗崇拜是不期而遇的事情，完全出于意外和偶然。在不影响自身的物质生活的前提下，适度接纳，可以获得一种神的保护，当然是最好的选择。

　　"吃狗肉与狗崇拜并不矛盾，世界上有些民族相信被吃者的智慧和力量会转入吃者之中。狗既为古越人的崇拜对象，吃狗肉也大行其道。"② 这种解释不仅过于简单，也不甚妥当。其他民族的类似现象，顶多提供一种证明的思路，并不能作为直接证据证明雷州先民吃狗是基于同样的原因。也有人解释说，雷州吃狗，是后来的移民出于对土著的仇恨。因为移民与土著居民为争夺生存资源而不断产生纷争，所以后来者就要把土著崇拜的狗吃掉。这种说法同样缺少根据。吃掉其他族群奉为神物的东西，会造成心理上的不安，产生不适感、别扭感，甚至恐惧感，会担心这些神灵的报应，非一般民众所敢为。

　　文化的逻辑以心理认同为前提，也以心理认同为目的。与科学不同，

---

　　① 龙应台：《文化是什么?》，http://www.douban.com/group/topic/1183243/2006-08-19 10：17：20．[2014-4-8]。

　　② 司徒尚纪：《雷州文化历史渊源、特质及其历史地位初探》，《雷州文化研究论集》，中国评论学术出版社 2013 年版，第 10 页。

科学是以事实为前提，以规律为目的。真正的文化浑身上下都裸露或隐藏着牵强附会的斑斑痕迹。真正的文化本质上是一种话语权力。

如前所述，人是寻求意义的动物，人必须为自己的行为找到理由和根据，无论这种理由和根据多么荒谬，但一定要有，否则心灵会处于撕裂不安的紧张状态。除非有精神病，而精神病的表现就是言行没有根据。所以即使没有人强迫，人也总会对自己的行为作出解释，赋予意义。人类对自身的行为，要认识它是什么，要解释它为什么，要把它和自身联系起来，赋予或揭示、说明它价值和意义。而人类的解释，可以是自欺欺人，可以是自慰慰人，可以是自警警人，总之要"自圆其说"。但人世的道理事实上没法自圆其说，因此常常要借助无所不能的神，即使如此，也难免破绽百出。

下面这个浑身上下伤痕累累的故事，就是对为什么吃狗的一种牵强附会的解释。

在雷州半岛流传着这样的传说，雷祖降世后，雷州民间以狗为呈祥灵物，更加崇狗，石狗面前常常红烛高烧，香火不断。后来到了十二生肖的狗年，雷州半岛竟无一个婴儿出生。雷祖察知急忙上奏。唐太宗也甚为纳闷。第二年太宗游地府，向阎王提起这档事。阎王回答说："十二生肖均为畜物，在人间生存只有受尽苦难，任人宰杀，才能转世为人。雷州人崇狗为神，再没捕杀，哪有狗仔转世投胎呢！"太宗传旨雷祖，狗肉穿肠过，神灵心中留。雷民得知，开始大啖狗肉，于是崇狗食狗并行不悖。

这个传说故事的文化内涵极其丰富。我们可以对这个神话故事进行文化学解析。

人类在生存活动中，经常遇到各种矛盾：一是对象无法从事实层面（科学层面）认识、解释、说明；二是文化自相冲突；三是事实自相冲突；四是文化与事实（行为）发生冲突。解决的办法有两种，从事实层面加以根除、停止、禁止某种行为；或者，从文化层面加以解释，做出两全其美的说明，化解文化与事实的矛盾。无论哪一种方式，都会给我们留下窥探历史真相的缝隙。

首先，这则故事告诉我们这样一个历史事实：雷州半岛崇狗为神，先前是禁食狗肉的，后来才出现食狗行为。前后行为发生如此的巨变，新的行为与信仰产生如此尖锐的矛盾，绝非源自崇狗族群自身的变化，显然来自新族群的强势介入，是雷州半岛文化主体——族群变化的产物。

其次，仔细分析，我们还会发现，这则故事源于汉民族的创造。崇狗又食狗，这种信仰与行为之间的矛盾，雷州半岛居民用创造文化的办法，使原本水火不容的两件事情涣然冰释。故事罗列了一系列宰狗食狗的理由：是神的启示，是皇帝的旨意，是雷祖的许可，是繁衍后代的需要，所以食狗是神圣不可违抗的。而且，宰狗食狗既满足了人繁衍后代的需要，狗还可以转世为人，这是两全其美的事情。创造这样一个人、神、狗皆大欢喜的圆满故事，的确是煞费苦心。

文化创造是不讲逻辑规则的，所以，文化创造总会留下逻辑漏洞。这个皆大欢喜的故事，显然包含着人贵狗贱的思想，所以不可能是崇狗族群的创造。因为在崇狗族群的文化观念里，狗是族群的图腾神物，地位远高于人，宰狗食狗，是对神的冒犯和亵渎，狗转世为人，由神而人，是文化地位的降低而不是提高，没有任何欢喜的理由。只有在汉民族的思想意识里，狗转世为人才会欢天喜地。因为在汉民族的动物文化符号里，狗是低贱的，辱狗贬狗的成语甚多，诸如狗仗人势，狗眼看人低，狼心狗肺，狗血喷头、狗改不了吃屎等。狗转世为人，由贱而贵，狗当然应该是满意的。再说，食狗对汉民族来说是很自然的事情。汉民族本来没有食狗的禁忌，为了生存，能吃的就要吃，不能作茧自缚、画地为牢。创造这个故事不过是给吃狗找个理由，可见这则故事源自汉族的创造。纯粹的文化解释，都是不圆满的。为什么汉民要编出这个故事？即为什么接受而不放弃崇狗的观念？中国本是一个多神教国家，中华民族又是一个多灾多难的民族，多一个神灵多一种保护，所以对各族群的神灵以及外来文化中的神灵，来者不拒。不仅不拒，还要赋予各路神灵更多的神性和灵性，期待它更加灵验，从而获得更多的保护。汉民族又是深受佛教影响的民族，因果报应的观念是汉民族普遍具有的。所以，拒绝这种崇狗信仰不符合汉民族的思想观念，吃狗又是当地犯忌的事情，狗要吃，又不能犯忌，最好的解决途径自然是在文化上找说辞。移入雷州半岛的汉民族通过创造文化传说，轻松地通过了这道难关，使两者并行不悖。因为可以放开吃狗，人是喜欢的，不必赘述；狗被宰被吃，狗也是喜欢的，因为可以转世为人。

最后，多重宗教观念的杂糅。生命轮回转世是佛教的思想基础。故事中狗仔投胎转世的观念显然来自佛教。故事中提到的阎王事实上也来自佛教。阎王又称阎罗王、阎王爷，是地狱之神，掌管人的生死轮回。中国古代并没有阎王的观念。佛教传入中国后，把阎王观念带入了中国。一般认为，佛教传入中土始于西汉末年，南北朝时期获得了极大的发展。随着佛教的传播，阎王的信仰被中国人广泛接受，并与中国本土宗教——道教的信仰系统相互影响，演变出了十殿阎罗的传说，阎王也成了"十殿阎罗"里的第五殿阎罗，宋代之后传说中的阎罗则被认为是北宋的大臣包拯。可见阎王观念至始至终都在不断地本土化。

所以，这个故事包含着多种宗教观念，既有原始宗教的余绪，又有佛教的色彩，还有道教的影子，是多种文化的融合。

雷州石狗声名远播，名闻天下，独一无二，为人间一绝。桂林山水甲天下，雷州石狗冠人间。有人比之为"南方兵马俑"，但在文化意义上，从文明的角度看，雷州石狗的文化内涵远远超过秦始皇陵兵马俑。雷州石狗源远流长，承传不已，是族群的精神需要，包含着精神文明的因子，典型地反映了古代雷州先民的精神世界，揭示了人类早年的生活状态和历史真实。作为图腾，作为信仰，昭示着人类普遍永恒的精神需要。从今天人类宗教信仰的积极意义回观，雷州先民的图腾崇拜、石狗崇拜作为精神信仰，包含着丰富的文明因子。而秦始皇兵马俑暴露的是帝王的愚昧、奢侈，是独夫的野蛮和凶残，尤其是其中的野蛮和凶残，对人类来说，几乎不具有任何文明意义。

石狗崇拜是雷州文化的标志性文化符号之一。而所谓的石狗文化，是指凝结在石狗这一载体中的社会意识。只有解读出雷州居民在石狗身上所寄寓的社会意识，才能挖掘出凝结在石狗身上的文化。否则，只能流于实物现象的描述。

主要参考书目

余伟民、王钦峰、熊家良：《雷州半岛的雷文化》，中国文史出版社 2011 年版。

蒋廷瑜：《古代铜鼓通论》，紫禁城出版社 1999 年版。

［美］露丝·本尼迪克：《文化模式》，何锡章、黄欢译，华夏出版社 1987 年版。

林涛：《图读雷州文化》，南方出版社 2006 年版。

徐闻县文化广电新闻出版局：《徐闻民俗》，徐闻 2008 年版。

柳诒徵：《中国文化史》，上海古籍出版社 2001 年版。

吴小如：《中国文化史纲要》，北京大学出版社 2001 年版。

冯天瑜：《中国文化发展轨迹》，上海人民出版社 2000 年版。

殷海光：《中国文化的展望》，上海三联书店 2002 年版。

钱穆：《中国文化导论》，商务印书馆 1994 年版。

［英］柴尔德：《远古文化史（1954 本影印）》，周进楷译，上海文艺出版社 1990 年版。

余英时：《中国传统思想的现代诠释》，江苏人民出版社 1995 年版。

［美］C. 恩伯、M. 恩伯：《文化的变异——现代文化人类学通论》，杜彬彬译，辽宁人民出版社 1988 年版。

黄淼章：《南越国》，广东人民出版社 2004 年版。

张荣芳、黄淼章：《南越国史》（第 2 版），广东人民出版社 2008 年版。

余天炽、覃圣敏、蓝日勇：《古南越国史》，广西人民出版社 1988 年版。

中国秦汉史研究会编：《南越王建德考辨》，《南越国史迹研讨会论文选集》，文物出版社 2005 年版。

郭振铎、张笑梅：《越南通史》，中国人民大学出版社 2001 年版。

范晔：《后汉书·循吏列传·任延列传》，中华书局校注本。

范晔：《后汉书·南蛮西南夷列传》，中华书局校注本。

胡守为：《南越开拓先驱——赵佗》，广东人民出版社 2005 年版。

［法］鄂卢梭（L. Aurouseau）：《秦代初平南越考》，冯承钧译，台湾商务
　　印书馆 1971 年版。

［越］陶维英：《越南古代史》，商务印书馆 1976 年版。

黄启臣：《广东海上丝绸之路史》，广东经济出版社 2003 年版。

顾涧清：《广东海上丝绸之路研究》，广东人民出版社 2008 年版。

黄启臣：《广东海上丝绸之路研究》，《岭南文史》2008 年第 3 期。

刘伟民：《文化主义与广东海上丝绸之路研究》，《湖北经济学院学报》（人
　　文社会科学版）2009 年第 6 卷第 12 期。

张伟疆：《海上丝绸之路在南海区域文化中的传播》，青年文学家 2013
　　年版。

白芳：《略说广东"海上丝绸之路"》，《福建文博》2012 年第 2 卷第 5 期。

朱鹏：《明代与清代前期广东的海上丝绸贸易》，暨南大学硕士学位论文，
　　2003 年。

周敬阳：《论秦汉时期岭南海上丝绸之路的三大始发港》，华南师范大学硕
　　士学位论文，2007 年。